Rolf Spenner

Tränen — Tod und tausend Qualen

Herausgegeben in Zusammenarbeit mit der Sparkasse Bad Kreuznach

Verlag Fr. Fiedler, Bad Kreuznach

Satz und Druck Fr. Fiedler, Druckerei + Verlag, Bad Kreuznach

Buchbinderische Verarbeitung Max Müller, Bad Kreuznach

Grafische Gesamtgestaltung Josef Nies

Fotos und Reproduktionen: Rudolf Hornberger

Mit freundlicher Genehmigung der »Allgemeinen Zeitung«
Bad Kreuznach, in der »Tränen — Tod und tausend Qualen«
im Frühjahr 1965 als Fortsetzungsserie erstmals erschienen war

ISBN 3-924824-22-3

tränen-tod und tausend Qualen

Vor vierzig Jahren:

Kriegsgefangenenlager Bretzenheim

Tatsachenbericht von Rolf Spenner

1985

Zum Geleit

Was veranlaßt uns, wenige Wochen vor einem in der Gemeinde Bretzenheim stattfindenden Mahntag die Herausgabe eines Berichtes zu unterstützen, der vor 20 Jahren niedergeschrieben wurde und der das Leben und Sterben in dem berüchtigten Kriegsgefangenenlager Bretzenheim wachruft?

Welche Gedanken bewegen den Vorstand einer Sparkasse als Förderer einer solchen Dokumentation, dessen Mitglieder erst in den Kriegsjahren oder später geboren wurden?

Die Antwort auf die erste Frage lautet: Dieser Bericht sei eine mahnende Erinnerung an das »Feld des Jammers« und zugleich eine historische Aufarbeitung und heimatgeschichtliche Dokumentation. Bei Bretzenheim war eines der schlimmsten Kriegsgefangenenlager, in dem deutsche Soldaten nach dem Ende des 2. Weltkrieges unter menschenunwürdigen Bedingungen litten, so daß viele nicht überlebten.

Eine Antwort auf die 2. Frage kann in einem kurzen Geleitwort nur unzulänglich sein. Diese Schrift soll nicht als Anklage gegen das Verhalten der damaligen Siegermächte, auch nicht der amerikanischen und französischen Wachmannschaften verstanden werden.

Aber diese Schilderung vom unsäglichen Leiden und Sterben entkräfteter, hungernder und verzweifelter Gefangener ist ein Appell an uns alle, daß in Zukunft keine Feindschaft mehr zwischen den Völkern entstehe.

Möge die nachstehende dichterische Fragestellung*) zur friedenverheißenden Gewißheit werden:

Nun die Nacht zu entweichen begonnen
und der Gifthauch des Krieges sich löst,
nun das fiebernde Zwielicht gespenstisch
uns die Ernte der Drachensaat zeigt,
wird bewußt uns, wie ewig verkettet
jeder Tod mit dem Leben ist.
An dem trostlosen Grau der Ruinen,
der Vernichtung Gefetz und Geripp
blüht verzaubert der Frühling,
wagt sich keimende Hoffnung ans Licht.

Doch das Blut und die Asche der zahllosen Opfer?
Nähren sie künftigen Krieg
oder kommenden Frieden?

Bad Kreuznach, im April 1985

Sparkasse Bad Kreuznach

Der Vorstand: Werner Fuchs · Otmar Steeg · Werner Severin

*) Dem Gedicht „Mai 1945" von Arbeiterdichter Julius Zerfass, geboren am 4. Februar 1886 in Kirn, mit freundlicher Genehmigung der éditions phi, Echternach, Luxemburg, entnommen.

Vorwort des Autors

,,Wo sind Sie denn zu Hause?'' — ,,In Bad Kreuznach.'' — ,,Liegt das etwa bei Bretzenheim?'' — ,,Richtig, an der Nahe. Und Bretzenheim ist ein Vorort ...'' — Betretenes Schweigen. Meine beiden Gegenüber schauen sich an, schütteln ungläubig den Kopf. Dann sagt einer von ihnen: ,,Nehmen Sie es nicht persönlich, aber wenn Sie aus Bad Kreuznach sind, dann müßten Sie uns eigentlich unsympathisch sein. Aber Sie können ja nichts dafür, Sie waren wohl damals noch ein Kind ...'' — Jetzt bin ich es, der betreten schweigt. Unsympathisch, weil ich aus Bad Kreuznach bin???

Meine beiden Gesprächspartner, so um die 68 Jahre, stoßen mit mir an. Wir sitzen in einer vor Schmutz starrenden Kneipe der Tahahumara-Indianer im Nordwesten Mexikos, hart an der Grenze zu den USA und trinken lauwarmes Bier. Es ist Karfreitag. Noch vor einer halben Stunde war unsere kleine Reisegruppe Zeuge eines Ereignisses, das niemand von uns so schnell würde vergessen können: Prozession der Indios zur Kirche. Die meisten tragen ein selbstgeflochtenes oder gebasteltes Kruzifix. Doch einer von ihnen schleppt ein roh zusammengezimmertes zentnerschweres Holzkreuz ächzend und stöhnend zum Gotteshaus. Für wen oder was mag er büßen wollen? Vereinzelte Fackeln verbreiten in der Dunkelheit des Abends diffuses Licht. Die Augen der ausgemergelten Gestalten leuchten, weil die meisten von ihnen feucht sind von Tränen.

Jetzt also spülen wir das Gesehene und Erlebte hinunter mit abgestandenem Bier. ,,Wissen Sie'', sagt einer meiner beiden Reisegefährten, ,,wir waren nämlich fast ein Jahr lang im Kriegsgefangenenlager Bretzenheim. Diese Monate waren für uns und unsere Kameraden schlimmer als der ganze Krieg. Und wir waren nicht etwa in der Etappe, sondern an vorderster Front. Vielleicht können

Sie jetzt verstehen, daß uns alles, was uns an diese Zeit erinnert, irgendwie unsympathisch ist. Wir haben all das, was wir in dieser Zeit durchlitten haben, verdrängt. Aber wir haben es nicht vergessen. Denn so was kann man nicht einfach vergessen, und wenn man 100 Jahre alt würde. Grüßen Sie also trotzdem Kreuznach und Bretzenheim. Wir haben oft überlegt, ob wir mal die ehemalige Lagerstätte besuchen sollten, aber wir bringen es ganz einfach nicht fertig. Sie könnten uns sicher sagen, wie es da jetzt aussieht, aber wir wollen es gar nicht wissen ..."

Da sitze ich nun über 12.000 Kilometer von der Heimat entfernt im Indianer-Reservat und treffe zufällig zwei Männer, die im berüchtigten Kriegsgefangenenlager Bretzenheim waren. Da wäre Gesprächsstoff für viele Stunden, aber während der ganzen noch folgenden Reise kommt niemand von uns dreien der Name „Bretzenheim" mehr über die Lippen.

*

Die Natur hat es so eingerichtet, daß Leiden und Schmerzen mit der Zeit ein wenig von ihren einstigen Schrecken verlieren. Aber heilt die Zeit wirklich alle Wunden, wie es im Sprichwort heißt?

Sicherlich nicht! Ganz bestimmt haben die Überlebenden des Lagers Bretzenheim auch heute nach vier Jahrzehnten nicht vergessen - viele vielleicht auch gar nicht verkraftet -, was damals im Frühjahr, Sommer, Herbst und Winter 1945 war vor den Toren Bretzenheims.

Die folgenden Zeilen sollen keine alten Wunden aufreißen. Und sie wollen keine versteckte Frage nach Schuld und Sühne sein. Der Versuch einer Dokumentation über eines der schlimmsten Kapitel des Zweiten Weltkriegs und seiner Folgen ist vielmehr jenen Männern gewidmet, die den Krieg und die Bretzenheim überlebt haben und die heute in allen Teilen Deutschlands — auch jenseits der Grenzen zur DDR — zu Hause sind. Und sie sind gewidmet jenen Männern und Frauen aus Bretzenheim und Bad Kreuznach, aus Langenlonsheim und anderen Nachbarorten, die damals vor dem unbeschreiblichen Elend im Lager nicht die Augen und die Herzen verschlossen haben. Die halfen, wo es möglich war. Mit einer durch den Stacheldrahtzaun geschobenen Scheibe Brot, einem hinübergeworfenen Zipfelchen Wurst oder mit einem verstohlenen Händedruck, wenn es für mehr denn nicht reichte.

Diese Zeilen aber sind auch jenen Männern des Wachpersonals gewidmet, die allen strengen Befehlen zum Trotz nicht vergaßen, daß sie Menschen sind und Menschen zu bewachen hatten.

Im Lager Bretzenheim, wo so mancher ausgemergelte deutsche Landser, der fünf Jahre an vorderster Front heil überstanden hatte, im Schlamm des ,,Feld des Jammers'' elend verhungerte oder an Erschöpfung starb, ist viel Haß gesät worden. Seitdem sind 40 Jahre vergangen.

Diejenigen, die Bretzenheim überlebten, haben längst vergeben. Weil sie inzwischen erfahren haben, daß es Schlimmeres, Teuflischeres gab als Bretzenheim und dafür die eigenen Landsleute verantwortlich waren. Der Versuche hat es viele gegeben, nüchtern zu analysieren, auf- und abzurechnen. Doch damit ist niemand gedient, nicht den noch Lebenden und auch nicht den vielen, die inzwischen verstorben sind. Gedient wäre allen, wenn auch und gerade das ,,Feld des Jammers'' dazu beitragen könnte, daß Menschen anderen Menschen niemals wieder das antun, was sie ihnen damals angetan haben.

Wenn diese Geschichte des Lagers Bretzenheim dazu auch nur ein ganz klein wenig beitragen könnte, dann wäre das fast zu schön, um wahr zu sein ...

Bad Kreuznach, im April 1985

Fast wie ein Hohn mag der Hinweis »1 a Hähnchen — bratfertig« und »Frische Eier« vor diesem Haus an der B 48 ehemalige Kriegsgefangene des Lagers Bretzenheim anmuten. Hinter diesen Mauern nämlich befand sich drei Jahre lang die Kommandantur des Lagers. Heute erinnert nur noch die verwitterte, aber immer noch lesbare Inschrift »Für Zivilpersonen verboten« an einem der Eingangs-Pfosten an diese schlimme Zeit.

Längst wieder landwirtschaftlich genutzt wird das riesige Areal des ehemaligen Kriegsgefangenenlagers Bretzenheim. Doch wo heute hart an der Stadtgrenze zu Bad Kreuznach hin der Pflug fruchtbaren Ackerboden durchfurcht, litten in den ersten Monaten nach Kriegsende Tausende von deutschen Kriegsgefangenen unsägliches Leid.

Vier Männer treffen sich regelmäßig alle 14 Tage in einer westdeutschen Großstadt. Ein Skatklub wie tausend andere auch? Ein geselliger Verein von Wirtschaftswunder-Deutschen, die hin und wieder ihren Feierabend gemeinsam verbringen? Nicht ganz! Denn die vier Männer, die alle zwei Wochen Skat spielen oder Doppelkopp oder sich auch nur unterhalten bei Bier und Schnaps, sind nicht in die weitläufige Kategorie von Freunden einzuordnen. Sie werden vielmehr zusammengehalten von einem Band der Erinnerungen, das fester zusammenschmiedet als manche läppische Freundschaft. Es sind böse Erinnerungen und schwere Gedanken, die die vier Männer auch heute noch hin und wieder beschäftigen. Sie erinnern sich an ihre gemeinsamen Erlebnisse im Kriegsgefangenen-Lager Bretzenheim.

„Ich hatt' einen Kameraden ..." Jedes Jahr am Volkstrauertag im November erklingt dieses Lied auf dem Ehrenfriedhof Lohrerwald in Bad Kreuznach. Dann brennen vor den fast tausend Steinkreuzen flackernd kleine Lichter, dann schmücken frische Blumen die endlos langen Reihen der flachen Gräber, dann werden von Behörden und Organisationen Kränze niedergelegt, Reden gehalten und Mahnungen ausgesprochen. Und auf den laubbedeckten Wegen im Geviert rund um die Gräber stehen erschütterte Menschen aus ganz Deutschland. Es sind Angehörige und Freunde jener Soldaten, die hier nach Kriegsende begraben wurden. Sie fielen nicht auf dem vielzitierten und vielgeschmähten „Feld der Ehre". Sie starben in den letzten Tagen und Wochen des Krieges und auch dann noch, als der Krieg längst vorüber war, in der Heimat. Sie verhungerten. Oder starben an Erschöpfung, Grippe oder Ruhr. Das alles geschah im Kriegsgefangenenlager Kreuznach-Bretzenheim.

Der Kreuznacher Bauer, der, als seine Pflugschar im Herbst einmal besonders tief in den fruchtbar-schweren Boden greift, einen dünnen Ehering zutage fördert, gehört nicht der Legende an. Dort nämlich, wo sich heute, soweit das Auge reicht, Felder, Äcker und Wiesen erstrecken, befand sich vor vierzig Jahren das berüchtigtste und gefürchtetste Kriegsgefangenenlager auf deutschem Boden: Das „Todeslager" Bretzenheim.

Die Erinnerung an dieses Lager ist noch nicht gestorben. Die Hunderttausende von Gefangenen, die seine „Gastfreundschaft" Wochen oder Monate lang „genießen" durften, können nicht so schnell vergessen, wie es damals war und was damals geschah. Natürlich ist die Erinnerung an die Geschehnisse von 1945 inzwischen verblaßt. Und sie verblaßt immer mehr. Denn eine der jedem menschlichen Wesen mitgegebenen Eigenschaften, die das Überleben und das Weiterleben überhaupt erst ermöglichen, ist das Vergessenkönnen.

Wir sprachen mit vielen jener Menschen, die damals vor vierzig Jahren unmittelbar in das Geschehen in oder um das Lager Bretzenheim gestellt waren. Weil wir glauben, daß die Chronik dieses Lagers einmal ungeschminkt und abseits aller pietätvollen Rücksichten geschrieben werden sollte! Die Geschichte eines jener damals so vielen aus dem Boden geschossenen Kriegsgefangenenlager und einiger Männer, die mit ihr verwachsen sind. Trotzdem wird dieser Bericht Fragment bleiben müssen. Denn das Leid jener Tage ist nur schwer in Worte zu kleiden. Und die Sattheit unserer Zeit verlangt vielleicht nach anderen Unterhaltungsmedien als der wahren Geschichte von Menschen, die damals den Glauben an die Menschheit verloren hatten ...

März 1945: Für einen großen Teil des Rheinlandes und für Bad Kreuznach und Umgebung ist der Krieg aus. Endlich! Die Alliierten stoßen unaufhaltsam weiter nach Osten vor, mitten ins Herz Deutschlands hinein. Für sie ist das Naheland inzwischen Etappe geworden. Jeden Tag größer aber wird für die Amerikaner ein Problem, mit dem sie sich genau so herumschlagen müssen wie mit jenen letzten noch stur und verbissen kämpfenden Resten der einstmals „großdeutschen" Armee, jenen wild zusammengewürfelten Haufen aus Hitlerjungen, Volkssturmleuten und regulären Truppen.

Die Feinde von gestern sehen sich plötzlich einer gewaltigen Aufgabe gegenüber, der sie sich vorerst nur in den wenigsten Fällen gewachsen zeigen: Hunderttausende von deutschen Soldaten geraten in diesen letzten Zuckungen des Dritten Reiches in Gefangenschaft. Wohin aber mit dieser entwaffneten, müden, ausgemergelten und nach Hause drängenden Armee von Landsern? Die Amerikaner könnten ihre überrumpelten Gegner heimschicken zu Frau und Kind. Gewiß! Aber im größten Teil Deutschlands wird noch gekämpft, die Kapitulation kann sich noch Wochen oder Monate hinauszögern, und bis dahin dürfen und können die Männer in der feldgrauen Uniform nicht aus dem Gewahrsam der Alliierten entlassen werden.

Da tun die Amerikaner das, was sie im Augenblick für das einzig Richtige und Durchführbare halten: Überall in den bisher besetzten Gebieten entstehen unter freiem Himmel auf Äckern, Feldern und Wiesen riesige, oftmals mehrere Quadratkilometer große Lager, von schnell ausgerollten „Spanischen Reitern", dichten Stacheldrahtzäunen und roh zusammengezimmerten hölzernen Wachtürmen umgeben.

Unter Dutzenden anderer Lager — fast täglich werden irgendwo weniger Kilometer hinter der ständig weiter gen Osten brodelnden Front neue eingerichtet — entstehen die berüchtigten Elendslager Remagen, Hersfeld und — Bad Kreuznach. Und auch heute noch, vierzig Jahre nach dem damaligen Geschehen, bestätigen ehemalige deutsche Soldaten, die in einer oft monatelangen qualvollen Odyssee durch viele dieser Lager wanderten, ehe sie endlich entlassen wurden, daß Kreuznach das schlimmste und gefürchtetste all dieser Camps gewesen sei. Fürwahr ein trauriger Ruhm für jene Badestadt, die sich einmal rühmte, gekrönte Häupter zu ihren Stamm-Badegästen gezählt zu haben.

März 1945. Langsam, unendlich langsam, wie im Zeitlupen-Tempo beginnt sich in Bad Kreuznach das Leben wieder zu normalisieren. Das nervenzerrüttende Heulen der Sirenen ist verstummt, der Schlachtenlärm der Hauptkampflinie hat sich weit über den Rhein nach Osten verlagert. Die Menschen in der schwergeprüften Stadt atmen auf, schöpfen zum erstenmal nach sechs Jahren wieder Hoffnung. Aber nur wenig mehr als einen Kilometer vom Stadtkern entfernt spielen sich — von einem Großteil der Bevölkerung zunächst kaum bemerkt — neue erschütternde Tragödien ab.

Sie kommen, zusammengepfercht zu 60, 80 oder manchmal gar 100 Mann in von außen verriegelten, stinkenden Viehwaggons, ganze Güterzüge voll. Sie werden förmlich herangekarrt auf Dutzenden von amerikanischen Armeelastwagen, auch hier wie Sardinen in einer Büchse. Es sind die zerschundenen und kärglichen Reste jener Divisionen und Armeekorps, die noch Wochen oder Tage vorher vergeblich versucht hatten, den wie eine Dampfwalze von Westen heranrollenden Koloß der Alliierten aufzuhalten. Jetzt sind es nur noch abgerissene und zerlumpte Männer mit zerzausten Haaren, wild wucherndem Bartwuchs, tiefen Ringen vor Erschöpfung und Hunger unter den Augen und einer beängstigenden Apathie, die sich mischt mit der Freude des Überlebens, des Davongekommenseins.

Sie wissen nicht, wohin sie gebracht werden und was aus ihnen werden soll. Es ist ihnen auch egal in diesem Augenblick, da sie in Kreuznach und rund um die Stadt entladen werden. Tausende und Abertausende von deutschen Kriegsgefangenen. Die meisten oder fast alle von ihnen mögen vorher kaum etwas von dieser Stadt und ihren berühmten Thermalquellen gehört haben. Sie sehen nur, als sie schlapp nach Osten wanken, daß es da rechts und links der Straße Weinberge gibt. Hätte ihnen damals jemand gesagt, daß es der Galgenberg sei, an dessen Hängen sie schließlich als vorläufige Endstation zusammensinken, sie hätten es wohl kaum als Galgenhumor aufgefaßt, sondern als Galgenwahrheit.

Viele der Landser sind aus dem Kriegsgefangenenlager Hersfeld hierhergekommen. Man hat ihnen erzählt, hier gebe es Zelte und feste Baracken, hier gebe es, wenn auch nicht genug, so doch mehr und besser zu essen und hier sei überhaupt alles anders. Und deshalb ist so etwas wie Hoffnung in den Gesichtern der Männer, als sie dem unbekannten Ziel des Lagers Kreuznach entgegenfahren, Hoffnung und Zuversicht, obwohl sie ihre Notdurft in den Viehwaggons verrichten müssen, obwohl viele von ihnen bereits drei Tage in diesem unbeschreiblichen Gestank unterwegs sind, obwohl sie nur ein paar Riegel Blockschokolade als Marschverpflegung mitbekommen haben - und obwohl einige von ihnen nur tot oder sterbend ankommen in Bad Kreuznach.

Jetzt sind sie da. Sie sehen von ferne eine teilweise zerstörte Stadt, sie sehen die aus allen Richtungen herbeiströmenden Kameraden, die in Zweierreihen in bis zum Horizont reichenden Menschenschlangen dem Galgenberg zustreben, jenem ersten, allerdings nur wenige Wochen bestehenden Kreuznacher Elendslager, dem Vorgänger und Ausgangspunkt des nicht minder gefürchteten Kriegsgefangenenlagers Bretzenheim, wenige Kilometer weiter nordöstlich.

Das Haupttor am Lager Galgenberg, schwer bewacht von bis an die Zähne bewaffneten amerikanischen Soldaten — die meisten von ihnen sind baumlange und gutmütig grinsende Neger — kann fast kaum geschlossen werden in diesen Märztagen des Jahres 1945. Denn der Strom der Männer reißt nicht ab. Immer wieder kommen neue, jede Stunde, jeden Tag. Mal sind es 400, mal 1500, ein anderes Mal wiederum hat man gerade ein Häuflein von 30 oder 40 Landsern zusammengetrieben.

Ehe sie sich im weiten Areal unter dem Galgenberg wahl- und ziellos verteilen dürfen, gehen sie durch jene „Mühle", die keinem Kriegsgefangenen in keinem Land der Welt erspart wird: Sie werden „gefilzt". Die amerikanischen Soldaten nehmen ihre Aufgabe sehr genau. Die Landser stehen in langen Reihen nebeneinander. Vor ihnen ausgebreitet liegt die wenige Habe, die sie bis hierher gerettet haben: Ein abgerissener und in der Sonne gebleichter Militärmantel vielleicht, ein Stahlhelm, ein kleines Taschenmesser, ein Stück Zeltplane oder was immer Soldaten mit sich schleppen.
Die meisten Amerikaner sind genau und korrekt. Sie haben Hunderte und Tausende von PW „gefilzt" und einen geübten Blick dafür, ob der Mann vor ihnen wirklich alles auf den Boden gelegt oder vielleicht doch etwas in seinem Waffenrock versteckt hat. Aber auch hier gibt es jene „Schwarzen Schafe", die Morgenluft wittern und ungerührt von den Protesten der deutschen Landser Armband- und Taschenuhren, Geld und Ringe, kurzum alles, was sie später versilbern zu können hoffen, in ihren weiten Taschen verschwinden lassen.
„Go on!" Müde schleppen sich die Landser ins Lagerinnere. Vor ihnen und neben ihnen und hinter ihnen dasselbe Bild: Soldaten, die in Gruppen beisammenstehen, andere, die auf dem Boden liegen, und wieder andere, die andächtig und genießerisch an einem Keks nagen. Die wenigen Bäume innerhalb des riesigen Lagerareals sind längst umlagert wie mittelalterliche Festungen. In den Zweigen hocken Landser wie riesige Vögel und überschauen wie von einem Aussichtsturm aus ein Bild, das keiner von ihnen wird jemals wieder vergessen können: Nacktes Feld, kahler, nur hier und da von spärlichem Gras bewachsener Boden, eine hin und her wogende Masse Mensch, zusammengesetzt aus Tausenden von Gefangenen, und ringsum Stacheldraht und Wachtürme, auf denen Maschinengewehre und Scheinwerfer auch den leisesten Gedanken an Flucht im Keim ersticken.

„Da kommen wir ganz schön vom Regen in die Traufe", murmelt der Gefreite Heinz Seiler und schielt zu seinem Nebenmann hinüber, der gerade dabei ist, einen winzigen Kekskrümel wieder vom dreckigen Lagerboden aufzusuchen, der ihm vorher heruntergefallen war. Die beiden kennen sich seit einigen Monaten, der 28 Jahre alte Gefreite Seiler, im Zivilberuf kaufmännischer Angestellter, und der zwei Jahre ältere Unteroffizier Ludwig Stallmann, der zu Hause einmal einen gutgehenden Friseur-Salon hatte. In der Normandie hatten sie sich kennengelernt, damals vor fast zehn Monaten, als sie zu einer neuen Kompanie zusammengestellt wurden, und seitdem sind sie zusammengeblieben.

„Immer noch besser als die verfluchte Ballerei und diese verdammten Panzerangriffe", konstatiert Stallmann und befiehlt: „Los komm! Wollen mal sehen, daß wir noch ein einigermaßen ruhiges und trockenes Plätzchen in diesem komfortablen Ferienlager erwischen!" Die beiden sehen sich um und trotten dann mit langen Schritten direkt auf den Stacheldrahtzaun zu. Hier im Windschatten des Zauns ist es nicht ganz so gedrängelt voll wie weiter im Lagerinnern, und hier ist der Boden auch noch relativ fest und trocken, weil er noch nicht von Tausenden von Stiefeln oder nackten Soldatenfüßen zertrampelt und aufgeweicht worden ist.

„Scheint Regen zu geben", sagt der Westfale Seiler kopfschüttelnd nach einem abschätzenden Blick zum jetzt allerdings noch fast wolkenlosen Himmel, der sich wie ein großes blaues Tuch an diesem Märztag über das Nahetal spannt. Von Westen her jedoch schieben sich dunkle Wolkenberge herauf, von denen die ersten bereits die Hardt erreicht haben. „Sch... doch was auf den Regen, mir ist alles wurscht!" Stallmann hat sich der Länge nach — und er mißt immerhin 1,93 m — auf dem Lehmboden niedergelassen und ist gerade ein wenig eingeduselt, als Seiler ihn mit seiner Wetterprognose aus dem ersten Traum reißt. „Ob's regnet oder nicht, den Amis ist das doch wohl egal! Oder glaubst du etwa, daß die uns nach den ersten Tropfen hier komfortable Bungalows hinsetzen?"

Seiler gibt keine Antwort. Für ihn ist es jetzt viel wichtiger, sich eine vorläufige Bleibe zu schaffen. Und er tut das, was Tausende im Gefangenen-Lager Kreuznach schon vor ihm getan haben oder im Augenblick gerade tun: Mit den bloßen Händen schaufelt er eine flache Mulde, gerade groß genug, daß sich Stallmann und er nach dreistündiger mühseliger Maulwurfsarbeit Rücken an Rücken hineinhocken können, nachdem sie sich die letzten drei Kekse brüderlich geteilt haben, denn seit dem Mittag hat es nichts mehr zu essen gegeben. Und Mittag, das ist jetzt lange her! Mittags hatten sie noch für zwei Mann eine amerikanische Ration Nudeln mit Tomatensauce bekommen. Gewiß, gar keine schlechte Mahlzeit! Für die seit Tagen völlig ausgehungerten Landser jedoch lediglich ein Tropfen auf den heißen Stein.

Es ist Abend geworden, der erste Abend für Seiler und Stallmann im Kriegsgefangenen-Lager Kreuznach. Der wenige Stunden vorher noch so strahlend-blaue Märzhimmel wölbt sich jetzt schwer und unheildrohend über den kahlen Weinbergen, den ausgestorbenen Straßen, der immer noch nur ganz spärlich erleuchteten Stadt. Man kann den Regen förmlich riechen. Im Lager ist es still geworden. Unheimlich still. Hier und dort stehen noch einzelne Gruppen von Landsern zusammen, die meisten liegen jedoch längst. Auf dem kahlen Boden, auf bis hierher geretteten Zeltplanen und Militärmänteln oder in jenen flachen Erdmulden, wie sie die meisten von ihnen ausgebuddelt haben und in denen jetzt auch Seiler und Stallmann Rücken an Rücken sitzen, um sich zu wärmen. Ausstrecken können und wollen sie sich nicht, denn die menschliche Wärme hält in dieser naß-kalten Märznacht des Jahres 1945 das bißchen Leben am besten zusammen.

Etliche Jahre nach Kriegsende wurde inmitten der Weinberge auf dem Kreuznacher »Galgenberg« dieses schlichte Holzkreuz errichtet. Weithin sichtbare Mahnung an das Kriegsgefangenenlager auf diesem Berg nahe Bad Kreuznach, dem Vorgänger des später so berüchtigten Lagers Bretzenheim.

Es mag kurz nach 22 Uhr sein, als der Regen einsetzt. Erst ganz gemächlich in kleinen vereinzelten Tropfen, dann immer stärker werdend und schließlich wie mit Kübeln ausgeschüttet. Seiler und Stallmann sind nach einer halben Stunde naß bis auf die Knochen. Nicht anders ergeht es auch den Tausend und Abertausend anderen Gefangenen, die tatenlos mitansehen müssen, wie ihre so mühselig angelegten Mulden langsam voll Wasser laufen und wie sich das riesige Areal des Lagers in eine einzige, unübersehbare Schlammwüste verwandelt.

Aber auch diese Nacht hat mal ein Ende. Kaum dämmert der Morgen über dem Tal und jenseits der Höhenzüge im Osten herauf, da ist es mit dem wenigen Schlaf schon wieder vorbei. Die beiden in ihrer Erdkuhle rappeln sich mühsam auf, sind so steif geworden, daß sie kaum auf ihren Beinen zu stehen vermögen. Überall im Lager ist Bewegung entstanden, in jeder Ecke sieht man Landser wild mit den Armen um sich schlagend oder von einem Fuß auf den andern tretend, um die eingeschlafenen Glieder wieder wachzubekommen oder um einfach etwas zu tun, diese aufs Gemüt drückende Atmosphäre der Ohnmacht ein wenig aufzuhellen.

An diesem Morgen gibt es drei Kekse für jeden der Gefangenen. Die meisten von ihnen verschlingen sie mit einem oder zwei gierigen Bissen. Andere wiederum, die ganz Pessimistischen unter ihnen, lassen langsam einen oder eineinhalb Kekse genießerisch auf der Zunge zergehen und verstauen den Rest sorgsam in der untersten Tasche. „Man kann ja nie wissen, ob es nicht schlimmer kommt ..."

Nachdem die Tausende ihre Ration empfangen haben, stolpern sie zurück an ihren Stamm- oder Schlafplatz. Die ersten fluchen bereits ob des knöcheltiefen Schlamms,in dem jeder Schritt zur Anstrengung und ein Weg von 100 oder 200 Metern für die ausgemergelten, müden und apathischen Männer zur Qual wird. Aber mit jedem

Schritt, den einer der Tausenden tut, wird der Morast tiefer, wird der Schlamm zähflüssiger. Und so ist denn, obwohl der Regen seit dem Morgen aufgehört, das Lager gegen Mittag verwandelt in eine einzige Schlammwüste, in der an ihren tückischsten und gefährlichsten Stellen die Männer bis fast zu den Knien in den Morast einsinken und sich in vielen Fällen nur mit Hilfe herbeieilender Kameraden weiterretten können.

Hinzu kommt der in den Eingeweiden wie tausend Stecknadeln bohrende Hunger, die Angst und Verzweiflung, die Ungewißheit über das weitere Schicksal und schließlich jener Durst, der zwar in der Nacht mit mühsam aufgefangenem Regenwasser noch einigermaßen zu löschen war, jetzt jedoch nach den Keksen und den letzten Resten Blockschokolade umso schlimmer ausbricht. Und an die überall im Lager stehenden Pfützen wagt noch niemand heranzugehen aus Angst vor Typhus oder Ruhr.

Im Bahnhof Bad Kreuznach kommen sie jetzt fast stündlich an: Güterzüge mit deutschen Kriegsgefangenen, Endstation Lager Galgenberg. Sei kommen aus dem Westen, dem Süden und Norden Deutschlands, aus Norwegen und Afrika, aus vielen Ländern Europas — und aus dem Ruhrgebiet, dem Münsterland und Norddeutschland, jenen Landstrichen des ehemaligen „Großdeutschen Reiches", die in diesen Tagen wie vorher das Rheinland einfach von den Alliierten überrollt werden, obwohl überall noch heftige Kämpfe toben, obwohl mancher Gauleiter und viele kleine und große Nazis noch immer auf jene „Wunderwaffen" warten, mit denen der „Führer" im letzten Augenblick noch den Endsieg erzwingen will.

Die Männer, die auf den Bahnsteigen des Kreuznacher Bahnhofs entladen werden, interessiert das alles nicht. Für sie ist der Krieg aus. Aber der Frieden hat noch nicht begonnen! Es ist gut, daß sie nicht wissen, wie unendlich lange es dauern wird, bis auch für sie dieser verdammte

Krieg wirklich ein Ende haben wird. Sie stellen sich auf in Zweier-, Dreier- oder Viererreihen und warten, bis irgendjemand den Befehl zum Abmarsch erteilt. Dann trotten sie los, dem Lager entgegen, über staubige Landstraßen, vorbei an Häusern mit zugenagelten Fensterhöhlen und an Menschen, die dieses Bild des Elends jeden Tag sehen und sich doch nicht daran gewöhnen können.

„Mensch, wenn man sieht, was wir schon wieder für Zuwachs kriegen, könnte man glauben, die Amis machten jeden Tag 100 000 Gefangene ..." Seiler und Stallmann stehen nahe dem Stacheldrahtzaun und blicken hinaus auf jene, schier bis ins Unendliche sich hinziehende Schlange von Landsern, deren „Kopf" gerade das Lagertor passiert, während das Ende sich noch im Kreuznacher Bahnhof bildet. „Vielleicht ist einer dabei, mit dem man mal einen zünftigen Skat kloppen kann", versucht der sonst gar nicht zu Witzen aufgelegte Stallmann zu scherzen und erinnert sich in diesem Augenblick an jene Abende vor der Invasion an der Westfront, an denen sie stundenlang Karten spielten und darauf vertrauten, daß der Westwall unüberwindlich sei.

„Antreten zum Essen-Empfang!" Die beiden Männer am Zaun haben diesen von Tausenden am liebsten befolgten Befehl zwar nicht gehört, denn das Lager ist groß und die Entfernung zwischen den einzelnen Essen-Ausgabestellen bis zu den hintersten Lagerplätzen der verschiedenen Gefangenen-Gruppen oft genug mehrere hundert Meter groß. Aber jedesmal, wenn die schmalen Rationen ausgeteilt werden, kommt eine Bewegung in die Menge, die unverkennbar ist und sich förmlich in Sekunden-Bruchteilen wie eine Schallwelle fortsetzt bis in den hintersten Winkel: „Es gibt wieder etwas zu knabbern!"

Zwei Wege sind es, die die ehemaligen Soldaten mehrmals täglich zurücklegen müssen, zwei Wege, die jedesmal zu einem Tag für Tag schlimmeren Übel werden: Der

Gang zu den Toiletten des Lagers und der zum Essen-Empfang. Die „Toiletten" bestehen — wie sollte es auch anders sein auf diesem schnell umzäunten ehemaligen Ackerland — aus Latrinen, wie sie jeder Landser kennt. Nur mit dem Unterschied, daß selbst die primitivsten Einrichtungen dieser Art aus früheren Kriegstagen noch komfortabel zu nennen waren im Vergleich zu diesen Gruben, in und über denen die Männer ihre Notdurft verrichten müssen.

Der Weg zu den Latrinen jedoch gleicht in diesen Märztagen 1945 jenen „Straßen" oder „Pfaden", wie sie vor allem Soldaten aus dem Rußlandfeldzug in den Wintermonaten kennengelernt haben: Von Wagenrädern, Panzerketten und Soldatenstiefeln immer und immer wieder aufgewühlt, waren jene Vormarsch- oder Rückzugwege in der sowjetrussischen Weite keineswegs schlechter als jene Trampelpfade, wie sie im Kriegsgefangenenlager Kreuznach zur Essenausgabe und zu den Latrinen führen.

*

Es ist Nacht geworden im Lager Kreuznach. Für Seiler und Stallmann die zweite Nacht als Kriegsgefangene auf deutschem Boden, für mehrere Tausend Neuankömmlinge die erste und für die „alten Hasen" im Lager bereits die vierte, zehnte oder fünfzehnte Nacht unter und rund um den „Galgenberg". In dieser Nacht geschieht das, was viele „Ehemalige" heute noch als „Hungerchor" bezeichnen und was keiner von ihnen vergessen wird, obwohl vieles aus jenen Tagen heute nur noch mühsam aus den Männern herauszuholen ist, die vor fast 40 Jahren wochen- und monatelang im Dreck kampierten und heute fast ausnahmslos — falls sie damals heil davongekommen sind — in guten Stellungen gutes Geld verdienen.

Es mag gegen 2 Uhr sein. Wieder hat leichter Regen eingesetzt, dieser verfluchte und herbeigesehnte Regen, der das Lager immer mehr in eine Schlammwüste verwandelt, andererseits den Männern jedoch hilft, ihren Durst mit jenen Tropfen zu stillen, die sie in Blechdosen, Stahlhelmen oder anderen Gefäßen eingesammelt haben. Es ist still im Lager Kreuznach. Unheimlich still! Die Tausende liegen — meist haben sie sich in Gruppen zu zwei, drei oder vier Mann zusammengeschlossen — in ihren Erddlöchern und schlafen — oder versuchen es wenigstens, denn der Regen durchnäßt wieder einmal ihre kaum getrockneten Uniformen, der Hunger wühlt in den Eingeweiden und die Ungewißheit über das eigene Schicksal und das der Angehörigen in der Heimat zermartert jede Gehirnwindung.

Viele der Männer schnarchen, andere stöhnen im Schlaf vor sich hin und wieder andere fahren rufend oder schreiend im Traum hoch. Aber das sind auch die einzigen Geräusche, abgesehen vielleicht von den monotonen und gleichmäßig wie fallende Wassertropfen klingenden Schritten der Wachmannschaften rund um den Zaun oder von den vereinzelten Zurufen der amerikanischen Soldaten auf den Wachtürmen, die ebenfalls schläfrig hinter ihren Maschinengewehren hocken und hinausstarren in die Nacht, die das tagsüber so elendsvolle Bild des Lagerlebens in gnädiges Dunkel hüllt.

„Hunger!" schreit da plötzlich aus irgendeinem der Löcher eine gellende, fast kindlich klingende Stimme. Und wieder „Hunger! Hunger!" Es bleibt still im Lager. Das Schnarchen geht weiter und der Regen tröpfelt unaufhaltsam auf zusammengerollte Gestalten. „Hunger!" Da ist wieder diese krächzende Stimme, jetzt noch lauter als beim erstenmal. „Hunger! Hunger! Hunger!" Die Stimme wird noch lauter und hackt dieses eine Wort wie ein Maschinengewehr hinaus in die Nacht. „Mensch, halt doch endlich die Schnauze!" brüllt da aus einem Nebenloch eine ärgerliche Stimme. Dann ist es wieder still. Aber nur ein, zwei Minuten lang. Und dann wieder „Hunger!"

„Ich stopf dir gleich dein dreckiges Maul!" Wieder die barsche Stimme aus dem Nebenloch. „Glaubst du vielleicht, das nutzt auch nur irgend etwas?" Das klingt schon ein wenig versöhnlicher, aber da ist schon wieder die gellende Stimme „Hunger! Hunger! Hunger!" Und plötzlich sind es zwei Stimmen, die da brüllen, dann vier, sieben, zehn. In Sekunden hat sich ein Sprechchor gebildet. Das ganze Lager ist jetzt wach. Aus den zehn Stimmen sind hundert, tausend geworden. Die schläfrigen Wachmannschaften an den Türmen und rund um das Lager werden mobil. Eine rote Leuchtkugel schießt in den Himmel, taucht einen Teil des Lagergeländes in gleißendes, unwirkliches Licht.

„Hunger! Hunger! Hunger!" Jetzt schreien es schon Tausende. Und mit jedem Ruf kommen neue Stimmen hinzu, bis der Chor anschwillt zu einem wahren Orkan von Stimmen, die immer wieder dasselbe schreien: „Hunger!" Eine zweite Leuchtkugel zieht hoch über dem Lager ihre Bahn. Auf den Wachtürmen flammen die grellen Scheinwerfer auf, die Maschinengewehre werden herumgeschwenkt und richten nun ihre durchlöcherten Laufmäntel drohend auf die Masse der Männer, die inzwischen längst nicht mehr in ihren Erdhöhlen liegen, sondern wie eine graue, lebendige Mauer zwischen den Stacheldrahtzäunen stehen und ihren Hunger verzweifelt hinausschreien.

In den Privathäusern nahe dem Lager wird es hell hinter den Scheiben, werden Fenster aufgerissen und Türen vorsichtig aufgemacht. Der Hungerchor wird immer stärker, immer lauter, immer fordernder. Zwischendurch hört man plötzlich englische Laute, fast hysterisch hinausgeschriene Befehle. Die Lichtbahnen der grellen Scheinwerfer auf den Wachtürmen geistern wie Riesenfinger über das Lager hin. Plötzlich geifert ein MG. Bellend, böse verlassen die Feuerstöße das Maschinengewehr. Leuchtspurmunition. Noch zischt sie unheildrohend über die

Köpfe der immer noch dieses eine Wort hinausschreienden Männer hinweg. Aber die Waffen der Wachmannschaften richten sich immer unmißverständlicher mitten auf den Block der Männer, aus dem es vieltausendfach schrill und schreiend herausbricht. „Hunger!"

Wieder eine Maschinengewehrsalve, diesmal länger, und diesmal nur dicht über die Köpfe der Gefangenen hinweg. Und plötzlich, genau so schnell, wie der nächtliche Spuk begonnen hat, ist er wieder zu Ende. Fast abrupt bricht der Hungerchor ab. Scheu, fast ängstlich, kuscheln sich die Männer in ihren Lehmkuhlen wieder zusammen. Niemand weiß und niemend will wissen, wer eigentlich angefangen hat. Und wenig später ist es wieder ruhig im Lager Kreuznach. Fast zu ruhig nach diesem Gefühlsausbruch. Die ersten schnarchen schon wieder, andere fluchen leise vor sich hin und wieder andere wälzen sich, jetzt hellwach, verstört, von einer Seite auf die andere. Auch auf den Wachtürmen und längs des Stacheldrahtes wird es jetzt ruhiger. Und eine halbe Stunde später ist es, als sei nichts gewesen. In den Häusern nahe dem Lager Galgenberg verlöschen die letzten Lichter ...

Kreuznacher Einwohner erinnern sich, daß in jenen Tagen, etwa um Ende März herum, zu dem inzwischen für alte Leute ebenso wie für spielende Kinder gewohnten Bild jener vom Kreuznacher Bahnhof zum Lager Galgenberg marschierenden, mehr oder weniger großen Trupps deutscher Kriegsgefangener ein anderes, schrecklicheres Bild hinzukam. Erst geschieht es ganz selten und möglichst unauffällig in den dämmrigen Abendstunden, und die es sehen, glauben zunächst an Trugbilder oder zumindest an Ausnahmefälle. Doch dann läßt sich die Wahrheit nicht länger verschleiern: In immer kürzeren Abständen verlassen amerikanische Heereslastwagen das große Lagertor unterhalb des Galgenberges. Sie transportieren eine makabre Last: Deutsche Soldaten, die im

Kreuznacher Kriegsgefangenen-Lager gestorben sind. Verhungert, an Erschöpfung zugrunde gegangen, hilflos im Schlamm erstickt, in den Latrinen ertrunken oder in den meisten Fällen an Dysenterie (der Ruhr also oder zumindest ruhrähnlichen Erkrankungen) oder — allerdings nicht so häufig — an Diarrhoe (Durchfall).

Die Toten liegen meist nackt oder nur notdürftig zugedeckt mit zerschlissenen Decken oder regendurchtränkten Zeltplanen auf der Ladefläche der großen Wagen und werden in schnellem Tempo zu jenen ersten Friedhöfen gebracht, auf denen in jenen Tagen viele Hunderte von Landsern in Heimaterde ihre letzte Ruhestatt finden. — Im Lager selbst werden diese ersten Todesfälle von den PWs mit einer fast stoischen Ruhe hingenommen. Die meisten der hier gelandeten Soldaten — abgesehen vielleicht von jenen im letzten Augenblick noch eingezogenen und an die Front geworfenen Volkssturm-Männern mit grauen Schläfen und den 15-, 16- oder 17jährigen Hitlerjungen mit ihren kindlichen Gesichtern — haben jahrelang förmlich im Dreck gelegen. Sie haben den dicksten Schlamassel an der Westfront, in Norwegen oder Nordafrika mitgemacht, und sie machen sich keine Illusionen, als sie hier im Lager Galgenberg in Bad Kreuznach als vorläufiger Endstation ankommen.

Sie übersehen mit einem Blick das Fehlen jeglicher, auch der notdürftigsten Unterkünfte, das riesige Areal der Schlammwüste, in der Tausende dahinvegetieren und den verzweifelten Kampf der wenigen Lagerärzte und Sanitäter, die meist nicht mehr tun können, als den Schwerkranken und Sterbenden Mut zuzusprechen, denn Medikamente gehören in diesen ersten Tagen und Wochen ebenso zu den Raritäten wie Zigaretten oder Brot. Die Landser sind abgebrüht genug, sich unter diesen Umständen keinen Illusionen hinzugeben. Jeder von ihnen weiß oder ahnt, daß er morgen oder übermorgen oder in einer

»Fips« Schuler, einer der Lagerinsassen, der viele lange Monate in Bretzenheim ausharren mußte, an einem der ersten nach der Auflösung des Lagers provisorisch errichteten Gedenkkreuze.

Ein Schwimmbad durften sich die Gefangenen 1947 auf dem riesigen Gelände des Lagers Bretzenheim bauen.

Woche zu jenen Kameraden zählen kann, die jeden Morgen in der Nähe des Hauptausgangs zusammengetragen werden, um ihre letzte Fahrt anzutreten.

Die Männer haben zu viel durchgemacht und sind viel zu schlapp und apathisch, um sich bei diesem immer selbstverständlicher werdenden Anblick Sentimentalitäten hinzugeben. Die panische Angst vor dem hilflosen und fast tierischen Sterben hinter Stacheldraht und auf nacktem Lehmboden lebt hier Erdloch an Erdloch mit jener Einstellung, wie sie den Orientalen nachgesagt wird. Kismet - Schicksal!

Die meisten der Männer, die damals dabei waren und diesen Totentanz überlebten, sprechen heute nur noch höchst ungern über ihre Erlebnisse. Sie haben förmlich einen Stacheldraht des Schweigens um jenes furchtbare Erleben gezogen, durch den sie heute — fast vierzig Jahre danach — nur selten jemand passieren lassen. Viele von ihnen können oder wollen sich an Einzelheiten überhaupt nicht mehr erinnern. Andere wiederum fürchten, durch ihre tragischen Erlebnisse und deren Wiedergabe Ressentiments zu wecken, die heute im Zeichen der Verbrüderung und Freundschaft zwischen den ehemaligen Feinden und Gegnern von gestern fehl am Platze wären. Doch es geht nicht um Ressentiments, es geht nicht um Anklagen oder ein an den Haaren herbeigezogenes Wiedererwecken eines höchst unrühmlichen Kapitels alliierter Nachkriegs-Geschichte. Es geht um die Wahrheit — und die mag unbequem sein, auch heute noch, 40 Jahre danach, vielleicht gerade heute, weil kritische und ehrliche Zeitgenossen längst wissen, daß damals Fehler gemacht wurden auf beiden Seiten.

Um dieser Wahrheit willen soll hier deshalb auch das wiedergegeben werden, was wir immer und immer wieder von verschiedenen Seiten hörten: Daß die Amerikaner sich damals im Frühjahr 1945 tatsächlich alle erdenkliche Mühe gaben, mit dem Problem jener inzwischen Millionen deutscher Kriegsgefangener fertigzuwerden, um den ungeheuren Anforderungen ihrer Unterbringung und Verpflegung, ihrer sanitären wie auch der Medikamenten-Versorgung. Am guten Willen mangelte es weiß Gott nicht, aber der gute Wille allein ist machtlos gegenüber Hunderttausenden von hungrigen, erschöpften, kranken und heimkehrwilligen Gefangenen!

So widersinnig und unglaublich es klingen mag: Das, was die deutschen Gefangenen im Lager Kreuznach und in den Dutzenden anderer schnell aus dem Boden gestampfter Camps verpflegungsmäßig an Kalorien von ihren Bewachern zugeteilt bekommen, reicht gut und gern aus, keinen, auch den schwächsten nicht, verhungern zu lassen. Abgesehen vielleicht von den ersten Tagen nach dem Zusammenbruch oder der Einrichtung der Läger, an denen nur Keks und schnell herbeigeschaffte „Eiserne Rationen" ausgeteilt werden, bekommen die deutschen Landser mengenmäßig und wertmäßig so viel, daß sie davon überleben könnten. Die drei- bis viertausend Gefangenen jedoch — genaue Zahlen hat es nie gegeben — die im Lager Galgenberg und später in Bretzenheim auf die Totenlisten gesetzt wurden, starben weniger an zu geringer Ernährung denn vielmehr an falscher Kost.

Einer der damals vom ersten Tag an Dabeigewesenen erinnert sich genau. Aber auch er möchte seinen Namen nicht genannt und seine Erlebnisse nur ungern „breitgetreten" wissen. Lassen wir deshalb sein Tagebuch sprechen, das er damals heimlich geführt, durch alle „Filz"-Aktionen hindurch gerettet und heute nach langem Suchen unter verstaubten Dingen auf dem Boden wiedergefunden hat. Da steht, kaum noch zu lesen auf vergilbtem Papier und mit krakeliger, zitternder Hand bei Taschenlampen- oder Mondlicht geschrieben, unter dem Datum der letzten Märztage 1945:

„Sind immer noch im Lager. Wann werden wir nach Hause kommen? Keine Nachricht von Maria (der Frau des damaligen Gefangenen) und den Kindern. Ob sie überhaupt noch leben? Wo mögen sie jetzt stecken? Ob man ein paar Zeilen an ihre alte Adresse aus dem Lager schmuggeln könnte? Werde es in den nächsten Tagen auf jeden Fall versuchen! Wir hungern und frieren. Die meisten Kameraden hausen wie ich in flachen Erdlöchern, in denen nach jedem Regen zentimeterhoch das Wasser steht. Lager ist ein unvorstellbarer Morast ... Verzweiflung und Ungewißheit über weiteres Schicksal manchmal schlimmer als der Hunger ... Viele Soldaten inzwischen verhungert, erfroren oder in die Latrinen gefallen und nicht mehr herausgekommen. Was haben wir verbrochen? Auch ich wäre heute vielleicht schon tot, wenn mich Rudi L. (folgt Name eines ehemaligen Kameraden) nicht in letzter Minute aus einem Schlammloch herausgezogen hätte.

Keine warme Verpflegung, kaum Wasser. Keine Küche im Lager. Kriegen von den Amis alles löffelweise. Viel Milch- und Eipulver, Kekse und Blockschokolade. Vor allem sehr viel Bohnenkaffee ... Essen und würgen alles trocken hinunter, da das Wasser der Tankwagen niemals für alle ausreicht. Wenn die Tankwagen mit Wasser kommen, stürzen sich die meisten wie die Irren darauf, prügeln und stoßen die Nebenmänner beiseite. Unbeschreiblich! Das meiste Wasser geht verloren ... Wird bei der Rauferei sinnlos verschüttet!

Viele Kameraden bis zum Skelett abgemagert. Andere unnatürlich und krankhaft aufgebläht. Viele, vor allem die Älteren, verlieren die Nerven und drehen völlig durch. Die ersten Selbstmorde im Lager! ... Jüngere Kameraden meist disziplinierter ... Können sich helfen, haben Ideen ... Die meisten Toten ältere Kameraden. Manche wollen einfach nicht mehr. Verschenken ihre Rationen und legen sich in ihr Loch. Am andern Morgen oder zwei Tage später werden sie abgeholt ... Die Klauerei im Lager wird immer schlimmer. Manche Schweine reißen schon den Sterbenden die zerlumpten Fetzen vom Leibe ... Zustände teilweise unbeschreiblich! ...

Plötzlich sind Kartoffeln im Lager. Viele schlingen sie roh hinunter. Kriegen wenig später die Ruhr. Jetzt morgens manchmal bis zu 80 Tote ... Gestern war auch Fritz T. (Name eines Kameraden) dabei. Jetzt sind wir nur noch zwei in unserem Loch. Schätze, daß Ludwig noch etwa 70 Pfund wiegt. Bei mir auch nicht viel mehr! Gerüchte, das Lager werde aufgelöst. Glaube nicht daran, denn täglich kommen neue Kameraden hinzu. Jetzt einige Zigtausend hier in Kreuznach. Der Krieg immer noch nicht aus! Manche munkeln, deutscher Gegenstoß geplant. Alliierte sollten wieder über den Rhein zurückgeworfen werden. Ob's uns dann besser geht? ..."

Zähflüssig wie der Schlamm im Lager schleichen auch die Tage dahin. Öde, trostlos, ohne Hoffnung für die annähernd 100 000 deutschen Gefangenen, die inzwischen im mehrfach vergrößerten Lager Galgenberg zusammengepfercht worden sind.

Der Frühling läßt sich nicht länger mehr verleugnen in diesen letzten Märztagen des Jahres 1945. Die Luft an manchen Tagen und in manchen Nächten ist seidenweich, und wenn die ersten aus dem Süden zurückgekehrten Singvögel im schnellen Flug über das Lager dahinsegeln oder von einem der wenigen kahlen und abgenagten Bäume herab, die jetzt wie gespenstische Geisterfinger, manche nur noch als kleine Stümpfe aus dem Lagerboden ragend, ihr jauchzendes „Tirili" hinauszwitschern, dann verharren die Soldaten, neigen leicht den Kopf zur Seite und starren in den Himmel, als ob sie von dort her ein Zeichen erwarteten.

Niemand weiß, wieviele der Männer inzwischen gestorben sind. Es mögen mehrere hundert, es können bereits über tausend sein. Niemand will und niemand kann sie zählen, aber jeder der Lagerinsassen weiß, daß dieses sinnlose Sterben so schnell nicht aufhören wird. Weil die

Verpflegung immer noch nicht viel besser geworden ist, weil immer neue Krankheiten ausbrechen und kaum Medikamente da sind und weil viele der Kameraden gar nicht mehr wollen, sich gehen lassen und förmlich auf den Tod warten, damit er endlich einen Schlußpunkt setzt.

Eines Morgens dann ist es da, das Gerücht, das mit Riesenschritten durchs Lager eilt und die Tausende mit neuer Hoffnung füllt: „Das Lager soll aufgelöst werden! Wir können bald nach Hause gehen!" Es dauert lange, bis die Soldaten begreifen und verstehen können, daß nur der erste Teil des Gerüchtes Wahrheit, der zweite jedoch noch frommer Wunsch ist. Das Lager Galgenberg wird in den letzten Märztagen wirklich aufgelöst. Aber nicht, um seine Insassen endlich heimzuschicken zu Frau und Kindern, zu wartenden Müttern und Vätern, sondern nur, um diese gewaltige Kreuzweg-Station um einige Kilometer weiter nordöstlich zu verlagern.

Ende März/Anfang April 1945 entsteht das Kriegsgefangenen-Lager Bretzenheim, jenes Monate später dann lediglich noch als Durchgangslager benutzte Camp mit riesigen Ausmaßen, das mehrere hunderttausend ehemalige deutsche Kriegsgefangene auch heute noch in bitterer Erinnerung haben, obwohl nach den ersten Monaten und nach der Übernahme durch die Franzosen die größten Schrecken fast von einem Tag auf den anderen ein Ende fanden.

Nur wenige Tage dürfen sich die Männer im Lager Galgenberg an jene Hoffnung klammern, die jeder von ihnen heimlich nährt, nachdem endgültig feststeht, daß sie noch längst nicht entlassen werden: Daß im neuen Lager menschlichere Verhältnisse herrschen, daß der Hunger aufhört und kein Schlamm mehr da ist und die Lastwagen mit den fast nackten Toten nicht mehr zum Lagertor hinausfahren müssen. Aber auch diese letzte Hoffnung zerplatzt wie eine Seifenblase.

Als die ersten Gefangenen aus dem Lager Galgenberg nach anstrengendem und kaum zu bewältigendem Fußmarsch — nur die Kräftigsten und Gesundesten schaffen die Strecke von drei bis vier Kilometer noch — das Tor zum Kriegsgefangenen-Lager Bretzenheim erreichen, suchen ihre Augen vergebens das, was sie hier zu finden dachten: Keine einzige Blockhütte, kein Zelt, nichts! Nur nackter, kahler Boden, eingezäunt von Stacheldraht und überragt von Wachttürmen! Die Männer sehen sich an. Schweigend. Und sie trotten langsam und mühselig vorbei an den amerikanischen Wachtposten, hinein ins Lager Bretzenheim, das eine Verbesserung bringen sollte und nichts anderes war als eine endlose Fortsetzung der am Galgenberg begonnenen Leiden und Qualen.

Die anderen kommen auf Armee-Lastwagen, jene Soldaten, die sich vor Hunger und Erschöpfung oder, gezeichnet von schweren Krankheiten, kaum noch auf den Beinen halten können und zu Tausenden herangekarrt werden. Eine Fracht, die hätte einen Stein erweichen können, ein Bild, das hartgesottene Bauern, die von weitem scheu und ängstlich zuschauten, das Weinen lehrte, wenn sie auch vorher keine Tränen kannten.

„Die lassen uns weiß Gott! langsam hier verrecken!" murmelt der ehemalige Unteroffizier Ludwig Stallmann in seiner kaum noch als Uniform wiederzuerkennenden Montur und stützt sich schwer auf die Schulter seines Nebenmannes. Heinz Seiler hat sich bis jetzt erstaunlich gut gehalten und schleppt seinen Kumpel mühsam weiter, immer tiefer hinein in die endlos scheinende Fläche des neuen Lagers, dessen stacheldrahtige Begrenzung fern am Horizont am Fuße der dort sanft ansteigenden Weinberge auszumachen ist.

„Ich kann nicht mehr! Komm, gib's auf, sieh zu, daß du einen vernünftigen Platz erwischst und laß mich hier!" Stallmann ist langsam in sich zusammengesunken und liegt wie ein Häuflein Elend im Lehm. Seiler schaut sich um, schätzt mit einem Blick die Lage ihres augenblicklichen Standortes ab und beginnt zu buddeln. Ein zweitesmal innerhalb weniger Wochen. Wie ein Heiligtum hat er sich die verbogene und rostige Konservendose all die Tage über im Lager Galgenberg bewahrt, mit der er nun leise fluchend ein Loch aus dem schweren Boden schaufelt, damit er und Stallmann nicht völlig ungeschützt den Witterungsunbilden ausgesetzt sind.

Zwei Stunden später steht Seiler in der langen Schlange von Kameraden, die zum Essensempfang angetreten sind. Er läßt sich seine Konservendose, an der noch die letzten Reste des schlammigen Bodens kleben, mit Milch- und Eipulver und Kaffeebohnen füllen und trottet zurück zu jenem Loch, in dem Stallmann unbedingt sterben will, weil er einfach keine Lust mehr hat, diesen Schlamassel noch länger mitzumachen. „Na, den werde ich schon wieder hinkriegen!" denkt Seiler und hockt sich neben seinen Kumpel, der ihn aus tiefliegenden Augen anschaut und erst nach mehrmaligem Zureden wiederwillig mit den Fingern in die Büchse greift, um Milch- und Eipulver und Kaffeebohnen trocken hinunterzuwürgen, denn Wasser ist auch im Lager Bretzenheim Mangelware.

Dafür teilen die Amerikaner großzügig und ausreichend Vitamintabletten aus, um wenigstens die krassesten Auswirkungen der einseitigen Kost abzuschwächen. Viele der Soldaten jedoch mißtrauen diesem „Braten" grundsätzlich, verweigern die Annahme der Tabletten oder werfen sie einfach in den Schlamm — und zählen Tage oder Wochen später vielleicht auch deshalb zu jenen, die dutzendweise auf amerikanischen Armeelastwagen ihre letzte Fahrt antreten.

Seiler und Stallmann liegen, zusammengekrümmt und mit dem Gesicht im Dreck, Rücken an Rücken in ihrer Erdmulde. Es ist wieder kalt geworden in dieser ersten Nacht im Lager Bretzenheim, und so können sie vor Kälte nicht schlafen, obwohl sie vor Müdigkeit und Erschöpfung ihre Augendeckel kaum heben können. Als der Morgen graut, versuchen sie mehrfach vergebens, sich aufzurichten, fallen jedoch immer wieder hilflos in sich zusammen, weil sie fast völlig steif geworden sind.

Stallmann geht es trotz der durchwachten Nacht, trotz des Fröstelns am ganzen Körper und diesem bereits seit Woche n andauernden und kaum noch bewußt wahrgenommenen Hunger-Rumoren im Magen und in den Eingeweiden ein wenig besser als am Abend vorher. Er scheint wieder neuen Mut geschöpft zu haben, jene Zuversicht, die für die Männer hier im Lager fast noch wichtiger ist als die täglichen kargen Mahlzeiten, jene trotz aller niederdrückenden Erlebnisse nicht versiegende Hoffnung auf die baldige Entlassung, die die meisten wie in einem Opium-Rausch befangen hält und das Lagerleben in manchen glücklichen Augenblicken nur mehr als Traum erscheinen läßt.

Doch auch die Hoffnungsvollsten und Zuversichtlichsten bekommen immer wieder einen Dämpfer. So heißt es plötzlich an diesem Morgen: „Erdlöcher wieder zuschaufeln! Andernfalls gibt es nichts zu essen!" Die Landser haben sich das Aufmucken und Protestieren der ersten Tage im Lager Galgenberg längst abgewöhnt. Sie wissen genau, daß es keinen Ausweg gibt, daß es gehorchen heißt oder verhungern, denn Aufsässigkeit ist gleichbedeutend mit Selbstmord, und die Selbstmorde sind im Vergleich zur Zahl der täglichen Toten noch immer sehr gering. Auch der Pessimistischste der Männer will nicht wahrhaben, daß man vier oder fünf oder sechs Jahre lang an der Front durch jeden Dreck gegangen ist und nun hier plötzlich, praktisch vor der eigenen Haustür, sich selbst den Strick drehen soll, weil es nicht mehr weiterzugehen scheint.

So sieht man denn an diesem Morgen ein höchst seltsames Bild: Da stehen auf dem viele Quadratmeter großen Lager-Areal 50 000 oder 60 000 oder 70 000 Gefangene

Zum Essensempfang rief in den ersten Monaten des Kriegsgefangenenlagers Bretzenheim diese Glocke. Ihr monotones Scheppern war für Tausende von abgezehrten und hungernden ehemaligen Landsern geradezu »Himmelsmusik«, kündigte es doch an, daß die Gefangenen eine neue, wenn auch kärgliche Mahlzeit in Empfang nehmen durften.

in gebückter Haltung oder knien auf dem Boden und schaufeln Pfund für Pfund mit Kochgeschirr-Deckeln, alten Stahlhelmen, verrosteten Konservendosen oder den Händen jene wie Maulwurfshügel aus der Landschaft ragenden Erdhaufen wieder in die Löcher, die ihnen für eine Nacht so etwas wie Geborgenheit vermittelt hatten. Für eine einzige Nacht.

„Es ist verdammt zum Kotzen!" murmelt Seiler und streicht mit dem Stiefel die Erde über dem jetzt wieder verschwundenen Zwei-Mann-Loch gerade. „Dann tu es doch, du Idiot!" kontert Stallmann, und dabei erscheint auf seinem eingefallenen und von tiefen Furchen durchzogenen, aschfahlen Gesicht die Andeutung eines versöhnlichen Lächelns.

Ende April 1945. Warum sollte auch gerade der April dieses Jahres anders sein als seine Vorgänger, warum sollte er weniger Regen und Sturm, weniger kalte Nächte und düstere Tage bringen als all die Jahre vorher? Die Landser im Kriegsgefangenen-Lager Bretzenheim sehen das Unheil, das viele von ihnen bereits aus dem Lager Galgenberg zur Genüge kennen, förmlich mit jeder Stunde näher auf sie zukommen. Aber sie können nichts dagegen tun. Sie können nur jene viele Tausend Neuankömmlinge warnen, die inzwischen mit Hunderten von Transporten neu ins Lager gekommen sind, direkt von der Front, wo sie den Alliierten in die Hände gefallen sind. „Schlamm" heißt diese Warnung. Ein einziges Wort nur, das wie die Androhung der Pest durch das Lager geistert. „Schlamm!" Was wird geschehen, wenn es noch einige Tage so weiterregnet wie in diesen Tagen und Nächten Mitte bis Ende April 1945? Was werden die amerikanischen Bewacher gegen das Erzübel all dieser aus dem Boden gestampften Camps tun, gegen den vom Regen aufgeweichten und von Soldatenfüßen zu schwabbeligem Brei zermalmten Lehm und Mutterboden der ehemaligen Felder und Wiesen?

Wie um die Leiden der Männer vollzumachen und bis zur Grenze des eben noch Erträglichen zu steigern, öffnet der Himmel in jenen Tagen seine Schleusen. Und innerhalb kürzester Zeit ist das ganze Lager Bretzenheim in einen Morast verwandelt, der sich mit der Schlammwüste im Lager Galgenberg gar nicht mehr vergleichen läßt. Zitieren wir auch diesmal wieder die Erinnerungen eines namentlich ungenannt bleiben wollenden Landsers, der heute gar nicht weit vom ehemaligen Lager Bretzenheim entfernt wohnt und jeden Tag auf der Fahrt zu seiner Arbeitsstelle zweimal auf der Bundesstraße 48 an der ,,ehemaligen Hölle von Bretzenheim'' vorüberkommt.

,,Eigentlich kann man gerade diese durch den ungeheuren Schlamm hervorgerufenen Zustände nur schwer beschreiben. Wer damals nicht dabeigewesen ist oder in Rußland erlebt hat, was es heißt, sich durch knietiefen Morast vorwärtszubewegen, der wird das kaum glauben. Dieser durch den tagelangen Regen oder das Fehlen jeglicher Lagerstraßen oder auch nur mit Kies oder Sand notdürftig hergerichteter Wege unvorstellbar gewordene Morast war für die meisten von uns damals denn auch niederdrückender als alles andere, schlimmer als Hunger und Durst, als das nächtliche Campieren im Freien und die Ungewißheit über unser weiteres Schicksal!

Ich kann mich noch genau an eine Szene erinnern, die gerade deshalb für uns so niederschmetternd war, weil wir das Unheil kommen sahen und doch nicht helfen konnten: Wir lagen mit etwa hundert Kameraden rund 60 bis 70 Meter vom Todesstreifen entfernt auf einer winzigen Anhöhe, die noch einigermaßen trocken war. Rund um diesen Hügel jedoch war der Morast um so abgrundtiefer. Wir hatten mit abgebrochenen Ästen, organisierten Latten und anderen Utensilien notdürftig eine Art Pfad durch diesen Sumpf abgesteckt, der zum nächsten Hügel führte und von dort dann weiter zur nächsten Essens-Ausgabestelle. Das war ja auch der einzige Weg, den wir täglich zurückzulegen hatten, abgesehen vom Gang zu den Latrinen, der ein eigenes Kapitel für sich ist.

Am späten Nachmittag des vorhergehenden Tages war ein neuer Transport mit Gefangenen gekommen — diesmal ehemalige Landser des Afrika-Korps. Auf der Flucht vor dem sich ständig ausbreitenden Sumpf und der Suche nach den wenigen wenigstens einigermaßen trockenen Plätzen innerhalb des Lagergeländes hatten sich einige von den ,,Neuen'' zu unserer Gruppe gesellt, nicht gerade gern gesehen - denn dadurch wurde unser ,,Lebensraum'' ja noch begrenzter -, aber immerhin in unsern ,,illustren'' Kreis aufgenommen.

Ich weiß noch, wie wir fast die ganze Nacht über wachgelegen und geschwätzt haben, denn es war für uns ehemalige Westfront-Kämpfer recht interessant, einmal mit Kameraden zusammenzusein, die die Vorgänge in Nordafrika und später an der Italien-Front selbst mitgemacht hatten. Wir hatten sehr schnell gemerkt, daß gerade diesen neuen Kumpels die Enge im Lager Bretzenheim — immerhin mögen es um diese Zeit etwa 150 000 Mann gewesen sein — besonders auf die Nerven ging und daß einige von ihnen, die seit Jahren das relativ freie Leben in Afrika gewöhnt waren, bereits nach wenigen Stunden Aufenthalt eine Art ,,Lagerkoller'' bekamen, nervliche Zusammenbrüche, die immer häufiger auftraten, je länger das Lager existierte.

Nach stundenlangem Erlebnisaustausch waren wir alle endlich eingeduselt. Es mag gegen 3 oder 4 Uhr morgens gewesen sein — unsere Uhren waren ja sämtlich ,,gefilzt'' worden — als selbst die tiefsten und gesundesten Schläfer von einem kaum noch menschlich anmutenden, markerschütternden Schreien aus ihren Träumen gerissen wurden. ,,Ich will raus, ich will raus, hier gehe ich ein!'' Aus der Froschperspektive gesehen, denn wir kauerten ja alle zusammengekrümmt am Boden, bot sich unseren schläfrigen Augen ein gespenstisches Bild: Fast wie ein

Riese hob sich einer unserer frisch eingetroffenen Afrika-Landser, hoch aufgereckt und mit beschwörend ausgebreiteten Armen, vom regenverhangenen Himmel ab. Und noch einmal, noch gellender, noch flehender „Ich will raus hier! Laßt mich doch raus!"

Was dann geschah, war das Werk weniger Sekunden. Ich erinnere mich, den Kameraden ärgerlich angeschrien zu haben „Mensch, leg dich wieder hin, oder glaubst du etwa, daß dir eine Extrawurst gebraten wird!?" Der jedoch lief mit seltsam staksigen Schritten und wie zum Gebet ausgebreiteten Armen den kleinen Hügel hinunter, Richtung Stacheldrahtzaun, entgegengesetzt allerdings jenem kleinen Pfad, den wir uns markiert hatten. Und ehe auch nur einer von uns den Kumpel warnen konnte, ehe auch nur einer seine noch schläfrigen Glieder aufgerafft und ihm entgegengelaufen war, stakste der Kerl unbeirrt weiter Richtung Zaun, mitten hinein in den gerade hier besonders tückischen und tiefen Sumpf, in dessen Mulde sich das von unserem Hügel abfließende Regenwasser mit den Erdkrumen zu einer dunkelbraunen, zähflüssigen Masse verbunden hatte.

Drei, vier Kameraden sprangen auf, wollten den Davonlaufenden noch halten. Aber es war zu spät! Als sei er taub, reagierte der Mann, dem offensichtlich die Nerven völlig durchgegangen waren, überhaupt nicht auf unser Rufen. Tiefer und tiefer sank er ein, erst bis zu den Knöcheln, dann bis zu den Knien. Dann ein neuer verzweifelter Schrei. Mit immer noch ausgebreiteten Armen fiel der Mann vornüber in den Schlamm. Ehe wir ihn mit Hilfe erst schwierig zu organisierender Bretter — alles nur eben Brennbare wurde im Lager ja zu Kleinholz gemacht — erreichen konnten, war er hilflos im Schlamm ertrunken.

Natürlich verbreitete sich dieser Vorfall mit Windeseile durch das gesamte Lager. Ich weiß jedoch, daß das völlig unnötige Sterben dieses Mannes nicht abschreckend wirkte, sondern daß während meines Zwangsaufenthaltes dort noch mehrere Dutzend anderer Kameraden im Schlamm umkamen!"

Daß es so war, daß nicht nur im Lager Kreuznach-Galgenberg, sondern vor allem auch im Bretzenheimer Kriegsgefangenen-Lager, besonders in den ersten Tagen nach dessen notdürftiger Einrichtung viele ehemalige Soldaten, durch Hunger und Krankheit bis zum Umfallen erschöpft und ausgezehrt, im teuflischen Schlamm und Morast hilflos und elend sterben mußten, bestätigen uns zahlreiche ehemalige Gefangene, denen heute noch das Grauen in den Augen geschrieben steht, wenn sie sich an diesen Morast erinnern, wenn sie erzählen von Zuständen, die heute unvorstellbar sind.

So geistern denn durch alle Erinnerungen an jene schwere und entbehrungsreiche Zeit gleichbedeutend oder vielfach noch stärker eingeprägt als das Erlebnis des Hungers und Durstes, der Ungewißheit und Ausweglosigkeit jener Tage, Wochen und Monate die wie Alpträume lastenden Rückblenden auf eben jenen Schlamm, der zur größten Kreuzwegstation auf dem Leidensweg der Gefangenen im Bretzenheimer Lager wurde — zumindest für jene vielen Landser, die ihm zum Opfer fielen oder seinen Klauen nur mühsam entkommen konnten.

Wie der gefürchtete Treibsand, aus dem ein Entkommen ebenfalls kaum möglich ist, so griff der Schlamm an manchen Stellen im Lager nach jenen Unvorsichtigen oder Leichtsinnigen, nach Entkräfteten und Übermütigen, nach allen und jedem, der ihm zu nahe kam. Viele oder gar die meisten Opfer aber forderte der Schlamm und der bodenlose Untergrund an den Latrinen, deren Benutzung namentlich nach lang anhaltenden Regenfällen wie jetzt Ende April/Anfang Mai zu einem Spiel mit Leben und Tod ausartete. Die Tatsache darf daher in keiner Lagerchronik fehlen, daß in jener Zeit vor allem nachts mancher sich nur noch mühsam auf den abgezehrten Beinen haltende Landser vom dringenden Gang auf die Latrine nicht mehr in sein Erdloch zu den Kameraden zurückkehrte, weil er kraftlos hineingefallen war in jenen stinkenden und kaum zu beschreibenden Abgrund, aus dem es kein Entrinnen mehr gab.

Anfang Mai 1945. Die Auflösung des Ausgangslagers Galgenberg und die Übersiedlung seiner Insassen ins Lager Bretzenheim ist im wesentlichen abgeschlossen. Alles, was jetzt noch kommt, sind „Neue". Es sind Landser und Volkssturmleute, Hitlerjungen und Nachrichtenhelferinnen, die man in jenen letzten Kriegstagen noch geschnappt hat.

Auch jetzt kommen sie wieder wie all die Wochen vorher: Auf Armeelastwagen, in langen Marschkolonnen vom Kreuznacher Bahnhof, wo sie nach oft tagelangen Irrfahrten in geschlossenen Viehwagen ausgeladen wurden. Das einzig Neue, das einzig Erzählenswerte, was die Bedauernswerten mitbringen zu ihren Kameraden im Lager Bretzenheim, die seit Wochen völlig von allen Nachrichten der Außenwelt abgeschnitten sind, ist die sich in Windeseile verbreitende Nachricht, daß die letzten Reste der deutschen Wehrmacht kurz vor der Kapitulation ständen und der Krieg bald aus sei.

„Ich werde sehen, daß ich irgendwo etwas Feuer auftreibe. Wenn wir den Fraß weiter so trocken und kalt hinunterwürgen, gehen wir entweder an Verstopfung oder an Durchfall ein. Frage, was von beiden die schönere Todesart ist!" Es ist eigentlich erstaunlich, aber der Gefreite Heinz Seiler kann immer noch lächeln und hat immer noch einen Rest seines unbesiegbaren Galgenhumors bewahrt — obwohl auch er inzwischen zum Skelett abgemagert ist, obwohl auch er in manchen Nächten mit brennenden Augen in den Himmel starrt und sich auszurechnen versucht, wann er wohl zu jenen Kameraden zählt, die man morgens im Lager einsammelt und an den Straßengraben legt, damit sie zum „Heldenfriedhof" gefahren werden.

Aber noch lebt Seiler, und solange der Gefreite Seiler lebt, läßt er sich nicht unterkriegen. Nur sein Kumpel Stallmann, um den er sich mit geradezu rührender Anhänglichkeit sorgt, macht ihm Sorge. Stallmann ist zwar körperlich dank der aufopfernden Pflege von Seiler inzwischen wieder ziemlich in Ordnung, aber irgendwie hat er völlig den Mut verloren und läßt sich mehr gehen, als das für einen Mann in ihrer Lage gut sein kann.

Hinzu kommt die immer noch nicht anders gewordene Verpflegung: Milch- und Eipulver, Keks, Schokolade — und Kaffeebohnen. Aber selbst der beste Koch der Welt würde versagen, müßte er aus diesen Ingredienzien ohne genügend Wasser, vor allem jedoch ohne jegliches Feuer, eine auf die Dauer eßbare, einigermaßen schmackhafte Kost zubereiten. So würgen denn die, die kein Wasser mehr abgekriegt haben oder zu faul, zu müde oder zu schlapp sind, um sich ein paar Tropfen am Tankwagen zu holen, das Pulver und die Keks und die Blockschokolade trocken hinunter — vielfach mit dem Erfolg, daß sie Tage später hoffnungslos verstopft sind und — da immmer noch nicht genug Medikamente vorrätig sind — ohne Hilfe innerlich verbrennen.

Seiler aber will weder an Verstopfung sterben noch an Durchfall wie jene Kameraden, die nach oft tagelangem Hungern auf dem Transport sich wie wilde Tiere auf die von den Amerikanern ausgeteilten Lebensmittel stürzen und sie entgegen allen Naturgesetzen und trotz der Warnungen einsichtiger Landser mit viel kaltem Wasser in ihre ausgezehrten und revoltierenden Mägen spülen mit dem vorhersehbaren Erfolg, daß mancher von ihnen an Dysenterie oder Diarrhoe hilflos sterben muß.

Irgendwo im Lager soll es in irgendeiner der Tausenden von flachen Mulden den „Feuermann" geben, jenen pfiffigen Landser, der sich schon vom Lager Galgenberg her in seinem Kochgeschirr ein kleines Feuerchen gerettet hat und das Tag und Nacht am Glimmen hält, um zu helfen — und gute Geschäfte mit diesem in den ersten Tagen einzigen legalen Feuer im Bretzenheimer Lager zu machen. Natürlich hatte auch Seiler ein Feuerzeug, aber das ist ihm bei der Kontrolle durch die Wachmannschaften genauso abgenommen worden wie die Streichhölzer, die andere Kameraden bis hierher geschmuggelt hatten oder wie jene Hölzer, mit denen man nach Robinson-Crusoe-Art durch Reibung ein Feuer hätte entfachen können.

So macht sich denn Seiler auf den Weg, um den „Feuermann" zu finden. Gleich der dritte Kamerad, den er fragt, weiß, wo er „residiert". Quer durch das Lager mit seinen schier unermeßlichen Ausmaßen — es reicht von der Rotlay bis zum Ortseingang Bretzenheim, von der Straße Kreuznach-Bretzenheim über zwei Kilometer breit bis an den Fuß der Weinberge östlich von Winzenheim - stapft Seiler, immer vorsichtig die gefährlichen Schlammstellen umgehend, auf der Suche nach dem Kameraden, der das Feuer hütet wie der erste Mensch, damit es ja nicht verlösche.

Nach über einer Stunde mühsamen Marsches ist Seiler am Ziel seiner Wünsche angelangt: Vor ihm hockt der „Feuermann" vor seinem Kochgeschirr, das er strenger hütet als seinen Augapfel und vor dem jetzt etwa 15 bis 20 Landser Schlange stehen. Man erzählt sich von ihm, daß er Tag und Nacht sein Feuer am Glimmen halte, kaum Zeit finde zum Essen und noch weniger zum Schlafen und seine „Feuerbüchse" nur zwei oder drei ausgewählten und zuverlässigen Kameraden für kurze Zeit zur Pflege überlasse. Und dieses Feuerchen braucht wahrhaftig „Pflege", denn es sind nur wenige dünne Holzspäne, die dort auf dem Grund des Kochgeschirrs langsam dahinglimmen und deren bescheidene Glut immer wieder durch die behutsame oder — je nach Intensität des Feuers — stärkere „Puste" seines Hüters am Leben erhalten wird.

Lediglich als Durchgangslager wurde das in den ersten Monaten seines Bestehens zum Schrecken für Hunderttausende gewordene Kriegsgefangenenlager Bretzenheim später noch genutzt. Die ehemaligen Landser wurden hier registriert, bekamen ihre Entlassungspapiere und konnten dann meist nach wenigen Stunden das Lagertor Richtung Freiheit wieder passieren. Wie dieses einem damals herausgebrachten französischen Prospekt über das Lager entnommene Bild zeigt, waren es allein in einem Jahr 328 000 ehemalige deutsche Soldaten, die hier durchgeschleust wurden.

Seiler sieht, wie jeder der vor ihm Stehenden dem wie ein König zur Huldigung am Boden sitzenden Kameraden vor dem Feuertopf etwas als Geschenk hinlegt, um überhaupt den mühsam aufgetriebenen Docht, das Aststückchen oder was sonst an Brennbarem mitgebracht wird, an diesem einzigen Feuer innerhalb des Lagers entzünden zu dürfen. So stapeln sich denn neben dem ,,Feuermann'' Zigarettenkippen und Vitamintabletten, Schokoladenriegel und Kaffeebohnen, vor allem jedoch Holz und Pappe in jeder Größe und Variation, diese vom ,,Feuermann'' bevorzugten Mitbringsel, die es ihm überhaupt erst ermöglichen, die Glut im Eßnapf nicht ersterben zu lassen.

Als Seiler endlich an der Reihe ist, legt er wortlos ein kleines Stück eines amerikanischen Kistendeckels, das er irgendwo ,,organisiert'' hat, neben das Kochgeschirr. Der ,,Feuermann'' schielt mit einem Auge hinunter, ob das Geschenk auch groß genug sei, um dafür etwas von dem kostbaren Gut abgeben zu können. Doch das Holzstück wird als würdig genug befunden. Seiler darf seinen Holzspan in die Glut halten, bis er brennt. Dann ist bereits der nächste an der Reihe. Nun gilt es, das Feuer in den schon tagelang vorher zusammengetragenen Holz- und Papppresten in Seilers rostiger Konservendose nicht nur zu entfachen, sondern sein Glimmen auch bis zur ,,Behausung'' zu retten, in der Stallmann sicherlich schon sehnsüchtig auf die Rückkehr seines Kumpels wartet.

Der Rückmarsch dauert um so länger, denn zwischendurch muß Seiler immer wieder pusten, doch er schafft es, und an diesem Abend gibt es zum erstenmal nach langer Zeit — Stallmann hat inzwischen einen Kochgeschirrdeckel voll Wasser besorgt - heiße Milch und eine Art Rührei, für die Männer nach den wochenlangen Entbehrungen und der ebenso langen ,,Trockenkost'' ein wahres Festmenü.

Stallmann ist am andern Morgen wie umgewandelt. Die Apathie und völlige Interesselosigkeit ist nach dem „Festessen" am Abend vorher wie fortgeblasen. Seiler registriert es wortlos, aber voller Stolz. Im Geiste hatte er sich schon ausgemalt, wie man eines Morgens seinen Kumpel, den er inzwischen richtig liebgewonnen hatte, auf einer Bahre abholen würde, um ihn zu den andern zu legen, für die es kein Zurück mehr gab. Hoffentlich — so betete Seiler jetzt — würde die Besserung bei Stallmann anhalten und nicht nur ein schnell verlöschendes oder gar letztes Aufflackern sein.

Doch Stallmann hat sich wirklich gefangen! Die heiße Mahlzeit hat Wunder gewirkt. Deshalb wundert sich Seiler auch gar nicht, als sein Kamerad ihn zwei Tage später — es ist inzwischen Mitte Mai geworden — auffordert, an der Hasenjagd teilzunehmen. Seiler versteht erst gar nicht, was Stallmann meint, bis auch er den Tumult ringsherum wahrnimmt und schnell begreift, daß sich hier vielleicht die Chance zu einem Bissen Fleisch bietet. Fleisch, das sie seit Wochen nicht mehr gegessen haben und von dem sie kaum noch zu träumen wagen.

Durch irgendein Loch im Stacheldrahtzaun des Lagers hat sich ein feister Hase ins Camp verirrt. Jetzt schlägt er zwischen den wie Hunde hinter ihm herjagenden Landsern verzweifelte Haken, doch die Jagd hat schnell ein Ende. Fast wäre Seiler der Glückliche gewesen, der den Mümmelmann beinahe zwischen den Hunderten von aufgeregt hin- und herlaufenden Beinen am Fell erwischt hätte, doch Sekunden später hat das Langohr sein Schicksal erreicht. Für einige wenige Überglückliche gibt es an diesem Mittag Hasenbraten — teils am Feuer notdürftig heiß gemacht, teils roh hinuntergeschlungen.

Im Laufe der Zeit verirrten sich dann übrigens noch öfters Hasen ins Camp — keiner von ihnen fand rechtzeitig ein Loch, um wieder ins Freie zu kommen, doch jeder dieser „Osterhasen" wurde für die, die ihn erwischten, zum herrlichsten Festbraten ihres Lebens.

Für die Schwerkranken und Sterbenden im Lager Bretzenheim haben die Amerikaner in diesen ersten Maitagen des Jahres 1945 gleich vorn am Lagereingang ein recht großes Zelt aufgestellt, denn die Zahl der Kranken und Sterbenden ist groß in dieser Zeit. Es ist das erste Zelt im Lager Bretzenheim, die erste feste Unterkunft, der Anfang eines Camps, das bereits wenige Wochen später aus vielen Zelten und festgefügten Blockhütten bestehen sollte. Die deutschen Stabsärzte und Sanitäter und ihre amerikanischen Kollegen stehen hier im Lazarett-Zelt vor einer schier unlöslichen Aufgabe. Sie tun ihr Möglichstes, aber es ist bitter wenig, was sie überhaupt ausrichten können. Medikamente sind vorerst nur für die dringendsten und aussichtslosesten Fälle da, Operationen können mangels ausreichender Hilfsmittel nur dann notdürftig vorgenommen werden, wenn überhaupt ein Quentchen Aussicht auf Erfolg besteht und die Ärzte mit dem auskommen, was sie in Händen haben.

Deshalb ist die Geschichte jener ersten Tage des Lazaretts — später beschafften die Amerikaner bzw. die nach ihnen kommenden Franzosen alles, was zur Versorgung der Kranken notwendig war! — eines der bittersten Kapitel in der Chronik des Kriegsgefangenen-Lagers Bretzenheim. Was sich hier manchmal innerhalb der Zeltwände und vor dem Eingang zu diesem Notlazarett abspielte, läßt sich kaum in Worte kleiden.

Ehemalige Gefangene erinnern sich an den Sturm von Kameraden, der bereits einsetzte, als die Amerikaner das Zelt noch aufbauten. Es waren Hunderte, die hier Hoffnung und Heilung suchten, Hunderte, die bereits mit dem Leben abgeschlossen hatten und jetzt neuen Lebensmut faßten, die sich auf Krücken oder auf allen Vieren kriechend aufmachten zum Lazarett, das nur die Wenigsten von ihnen aufnehmen konnte.

Da sind die Leicht- und Schwerverwundeten in ihren gestreiften Lazarettanzügen, die von der Dampfwalze der

Alliierten förmlich überrollt wurden und vielfach gleich aus dem Krankenzimmer oder dem Operationssaal zu Gefangenen-Transporten zusammengestellt wurden. Viele von ihnen im Lager Kreuznach-Galgenberg und jetzt im Lager Bretzenheim sind gleich in den ersten Nächten bei strömendem Regen, bitterer Kälte und bohrendem Hunger gestorben. Die anderen machen sich jetzt auf zum Lager-Lazarett neben dem Hauptlagereingang. Und ihrem Elendszug schließen sich an all jene, die vor Erschöpfung kaum noch kriechen können, die die Grippe haben oder die Ruhr oder Verstopfung und mancher, der körperlich noch recht gesund ist, seelisch jedoch dem Zusammenbruch nahe und im Lazarett Heilung seiner nervlichen Gebrechen sucht.

Die Lagerärzte und Sanitäter — auch die amerikanischen — haben in den zurückliegenden Kriegsjahren an allen Fronten in den Lazaretten kurz hinter der Hauptkampflinie manches Bild des Jammers gesehen. Sie sind abgestumpft. Der Tod und das Leiden haben für sie ihre Schrecken verloren. Doch damals war Krieg! Natürlich ist der Krieg auch jetzt noch nicht zu Ende, aber der Schlachtenlärm ist verstummt. Und vielleicht ist es für einen übermüdeten und überforderten Frontarzt doch leichter, kurz hinter der Hauptkampflinie im Bersten und Dröhnen der krepierenden Bomben und Granaten einem verwundeten Soldaten ohne ausreichende Betäubung und ohne ausreichendes Besteck einen Arm oder ein Bein zu amputieren, als jetzt hier am Zelteingang zu stehen und all jene abweisen zu müssen, denen der Tod sein Zeichen noch nicht ins Gesicht geschrieben hat.

Es gibt kein langes Feilschen und Verhandeln über die Aufnahme ins Lazarett. Die Ärzte und Sanitäter haben einen geübten Blick. Schnell und fast anteilslos trennen sie die Spreu vom Weizen. Für viele bedeutet die Aufnahme ins geheizte Zelt, die Versorgung mit besseren Mahlzeiten und vor allem auch ein richtiges Bett oder zumindest doch eine Liege, daß sie dem Tod im letzten Augenblick noch von der Schippe gesprungen sind. Und für manche, die abgewiesen wurden, weil der Platz nicht ausreicht, bedeutet diese Entscheidung das Todesurteil, vollstreckbar an einem der nächsten Tage oder in einer der nächsten Mainächte.

Die meisten der von den Ärzten Zurückgewiesenen kehren nicht zurück zu ihrem Stammplatz im Lager und zu ihren bisherigen Kameraden. Sie lagern sich rund um den Zelteingang, decken sich notdürftig zu mit ihren zerschlissenen Zeltplanen oder Militärmänteln — und warten. Sie warten darauf, daß doch noch ein Wunder geschieht, daß das Zelt vielleicht vergrößert wird, ein zweites hinzukommt - oder ganz einfach darauf, daß ein Platz frei wird, weil wieder einer gestorben ist.

Manchmal sind es mehrere, die morgens aus dem Zelt getragen und an die Landstraße zum Abtransport gelegt werden. Sie unterscheiden sich von denen, die irgendwo im riesigen Lagerareal den letzten Atemzug taten durch nichts — nur durch ein kleines, viereckiges Pappschild um den Hals, auf dem zu lesen steht: „Gestorben an Erschöpfung." Oder: „ ... an Diarrhoe." Oder manchmal auch: „ ... nach zu später Amputation."

Es ist erschreckend, aber oft genug ist es so etwas wie Freude, was in den Gesichtern der rund um den Lazaretteingang Liegenden zu lesen ist, wenn morgens ein oder mehrere Tote hinausgetragen werden. „Wieder ein Bett frei! Vielleicht kriege ich es diesmal???" Was geht die Kranken und Sterbenden und Müden hier denn schließlich auch ein Einzelschicksal an, eins unter 150 000? Du lieber Himmel, soll man sich denn über jeden Toten noch aufregen!? An der Front sind sie zu Tausenden und Abertausenden vor die Hunde gegangen! Hier sind es nicht so viele. Aber tot ist schließlich tot! Und wen kümmerte es schon, wenn man eines Morgens selbst in den Straßengraben gelegt würde? Also! Nur keine falschen

Sentimentalitäten! ... Gedanken, wie sie damals in manchem Hirn rumort haben mögen.

Achter Mai 1945. Ein Tag wie jeder andere? Nein, nicht ganz! Es ist Nachmittag. Seiler und Stallmann liegen nebeneinander auf dem jetzt wieder etwas trockeneren Lagerboden — der Regen hat seit Tagen aufgehört — und plaudern. Über alles mögliche. Über gemeinsame Fronterlebnisse, über das Lager - und über die Zukunft. Sie machen Pläne für die Zeit nach dem Lager, für die Zeit, wenn hier alles vorüber ist. Wie lange das wohl noch dauern mag? Ob der Krieg denn immer noch nicht beendet ist? Wenn doch wenigstens Post käme von den Angehörigen. Dann wüßte man, ob sie noch leben, ob es ihnen gut geht, ob sie vielleicht mal kommen können, damit man sie durch den Zaun sieht!? Aber nichts! Keine Karte, kein Brief, kein Lebenszeichen. Seiler und Stallmann fühlen sich wie Schiffbrüchige auf einer einsamen Insel, die nur alle Jahre einmal ein Schiff anläuft.

,,Achtung! Achtung!'' schallt es da laut und unüberhörbar durch die Lautsprecher. Und wieder mit kräftiger, nur leicht akzentuierter Stimme ,,Achtung! Achtung!'' Es geschieht nicht oft, daß die amerikanischen Bewacher die Lautsprecher zu Mitteilungen an ihre Gefangenen benutzen. Deshalb geht jetzt ein Raunen durchs Lager: ,,Was die wohl diesmal wollen?'' sinniert Stallmann. ,,Vielleicht schicken sie uns nach Hause ...'' murmelt Seiler. Doch er glaubt es selber nicht.

Doch da wieder diese Stimme im Lautsprecher. ,,Achtung! Achtung! Deutsche Kriegsgefangene! Am heutigen 8. Mai 1945 haben die letzten Reste der deutschen Wehrmacht kapituliert und sich bedingungslos den siegreichen Alliierten unterworfen. Der Krieg ist zu Ende!'' Noch einmal wiederholt der Sprecher die Meldung. Sekundenlang ist es still im Lager Bretzenheim wie in einer Kirche.

Im Lautsprecher ein Knacken. Und dorther, wo eben noch die Stimme war, ertönen jetzt die Nationalhymnen der Sieger: zuerst die amerikanische, dann die englische, dann die Marseillaise und zuletzt die russische. Die Amerikaner auf den Wachttürmen haben ihre ansonsten an den Tag gelegte Lässigkeit für zehn Minuten abgelegt. Nicht alle, aber viele von ihnen haben die Hand an die Uniform-Mütze gelegt.

Die unbeschreibliche Stille im Lager Bretzenheim mündet in einen ebenso unbeschreiblichen Jubel. Viele rufen und schreien und werfen die Hände hoch und umarmen sich und benehmen sich wie Kinder auf einer Geburtstags-Party. Sie freuen sich, daß der Krieg endlich zu Ende ist. Daß die einstmals so siegreiche deutsche Wehrmacht bedingungslos kapituliert hat, ist untergegangen im allgemeinen Taumel der Freude und neuer Hoffnung.

Aber noch kommen aus den Lautsprechern rund um das Lager die Nationalhymnen. Und da geschieht etwas, was seltsam anmutet in diesem fast schon historischen Augenblick: Irgendwo unter den über 100 000 deutschen Kriegsgefangenen erhebt sich ein deutscher Offizier aus dem Dreck. Er steht auf und reckt sich zu ganzer Größe. Seine Uniform ist kaum noch als die eines Offiziers zu erkennen. Die Mütze ist längst verlorengegangen, die Schulterstücke verheizt. Unter dem Kinn des Mannes sprießt ein rötlicher Bart, die Haare hängen ihm wie den tausenden anderen wirr und lang den Nacken herunter.

Der ehemalige Landser schlägt die nur noch mit Fußlappen umwickelten Hacken zusammen, dreht sich in Richtung des neben dem Haupteingang hoch am Fahnenmast flatternden Sternenbanners und legt die Hand zum Gruß an die Stirn. So steht er, bis der letzte Ton der Nationalhymnen verklungen ist.

„Mein Gott", murmelt Seiler und löst sich aus der Umklammerung von Stallmann, der ihn bei der Meldung wie eine Geliebte umarmt und mit ihm einen Freudentanz aufgeführt hat. „Mein Gott! Jetzt können sie uns nicht länger mehr festhalten. Jetzt müssen sie uns entlassen! Ich kann es noch gar nicht begreifen. Der Krieg ist aus! Und alles umsonst!"

Stallmann schlägt die Hände vors lehmüberkrustete und bartstoppel-überwucherte Gesicht und weint wie ein kleiner Junge, dem man seinen Fußball weggenommen hat. Dicke Tränen quellen zwischen seinen dreckigen Fingern hervor. „Die Nerven", denkt Seiler und klopft seinem Kumpel unbeholfen und zärtlich auf die Schulter. „Komm, beruhige dich wieder! Jetzt können die uns alle mal ..."

Plötzlich kommt es aus irgendeiner Ecke des Lagers. Erst kaum wahrnehmbar, stockend, schüchtern. Dann hört man es schon deutlicher, bis es ganz klar verständlich wird: „Deutschland, Deutschland über alles, über alles in der Welt ..." Irgendeiner hat angefangen, und schnell finden sich einige, die mitsingen. Aber es sind nur wenige, die mehr brüllen als singen, und genau so schnell, wie das Lied begonnen hat, endet es wieder.

Der Krieg ist aus! Aber die Hoffnung der Landser, daß das Lager nun aufgelöst und die Gefangenen nach Hause geschickt würden, erweist sich als schöner, vorerst jedoch noch nicht realisierbarer Traum. Aber eines bewirkt das Kriegsende doch: Die bisher aller Beschreibung spottenden Zustände im Lager Bretzenheim bessern sich nun von Tag zu Tag. Es beginnt mit der Aufstellung des Lazarett-Zeltes und geht weiter mit dem Bau von festen Blockhütten und weiteren Zelten, die die PWs erstürmen, als seien es Traumvillen. Die Schrecken des Schlamms und der kalten Nächte unter freiem Himmel in strömendem Regen gehören der Vergangenheit an. Und auch die Verpflegung wird fast schlagartig besser. An einem der ersten Tage nach der Bekanntgabe der Kapitulation verteilen die Amerikaner Weißbrot an die Gefangenen. Es gibt für jeden der inzwischen annähernd 200 000 Mann im Camp eine fast papierdünne Schnitte. Aber es ist Brot,

Künstler-Utensilien sind diese von Fritz Schuler alias »Fypsilon« in die Freiheit geretteten Erinnerungs-Stücke an sein vielfaches Auftreten im Kriegsgefangenenlager Bretzenheim. Mit seiner »singenden Säge« (oben), seiner Geige und den überdimensionalen Schuhen erntete er immer wieder den begeisterten Beifall seiner nach Freude und Entspannung förmlich lechzenden Kameraden.

Nachdem die Franzosen das Kriegsgefangenenlager Bretzenheim von den Amerikanern übernommen hatten, erlaubten sie die Formierung einer kleinen Künstlertruppe, die sich sinnigerweise »Die Optimisten« nannte.

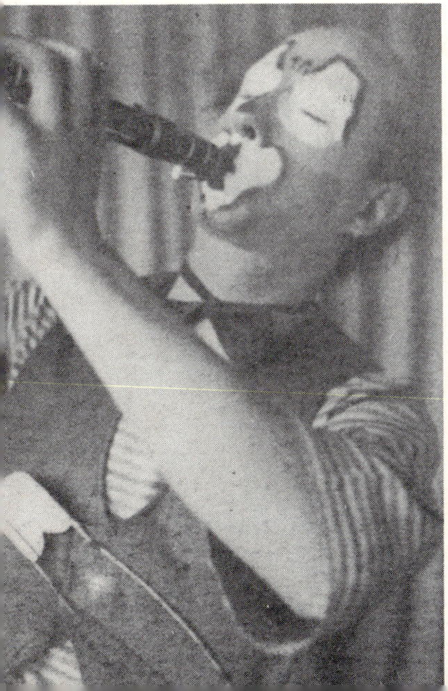

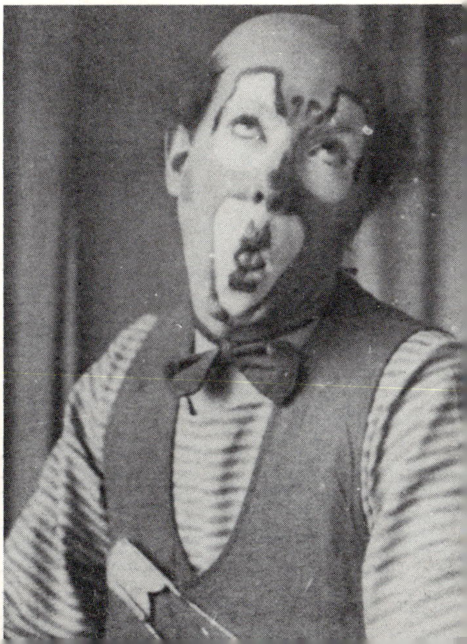

schönes weißes Brot, eine Delikatesse ersten Ranges nach wochenlangem Küchenzettel, auf dem nichts anderes stand als Trockenei und Milchpulver, Keks und Sckokolade und hin und wieder vielleicht einige roh und kalt hinuntergeschlungene Kartoffeln.

Der jetzt von den Amerikanern stark forcierte Bau von festen Unterkünften und das Trockenlegen der im Lager entstandenen regelrechten Sümpfe, die Anlage von kies- und aschebestreuten Wegen und die Ablösung der teilweise lebensgefährlichen Latrinen durch wesentlich bessere sanitäre Einrichtungen wirkt auf die Gefangenen wie ein doppelgesichtiger Januskopf: Ohne daß es ihnen jemand ihrer Bewacher sagt, können sie sich selbst ausrechnen, daß diese gewaltigen Anstrengungen der Amis gemacht werden, um das Lager vielleicht noch auf Monate oder gar Jahre hinaus zu konsolidieren. Auf der anderen Seite jedoch kompensieren die ehemaligen Landser die Enttäuschung über ihre zerschlagenen Träume von der baldigen Entlassung mit der fast noch größeren Freude über das Ende der tausendfachen Schrecken, denen in diesen ersten bittersten Wochen des Lagers Hunderte von Kameraden zum Opfer fielen.

Das Leben im Lager Bretzenheim normalisiert sich von Tag zu Tag zusehends. Es wird plötzlich wieder lebenswert. Die Sonne, die in diesen Tagen um Mitte Mai 1945 vom blankgeputzten Frühlingshimmel lacht, zaubert auch auf den von tiefen Rillen gefurchten Gesichtern der Soldaten wieder ein Lächeln hervor. Irgendwo singt einer mit falscher, aber lauter Stimme ,,Es geht alles vorüber, es geht alles vorbei ...''.

Das Lager ist inzwischen aufgeteilt worden in 17 Einzelcamps. Jedes Camp führt praktisch ein Eigenleben. Das Individuum kommt mehr und mehr zu seinem Recht. Die ehemaligen Landser wissen immer noch nicht recht, was außerhalb des Stacheldrahtzaunes draußen in Deutschland, draußen in der Welt jetzt, nach Beendigung des

Krieges eigentlich vor sich geht. Sie wissen nicht, daß die Sieger das ehemalige großdeutsche Reich unter sich aufgeteilt haben — in vier Besatzungszonen. Rheinland-Pfalz gehört zum Herzstück der französischen Besatzungszone. Deshalb übernehmen die Franzosen von den Amerikanern das Kriegsgefangenen-Lager Bretzenheim.

Für die Insassen bedeutet das kaum irgendwelche Änderungen. Zumindest vorerst nicht. Auf den Wachttürmen ziehen französische Posten auf, am Fahnenmast neben dem Haupteingang flattert jetzt die Trikolore und aus dem stereotypen ,,Yes'' oder ,,No'' oder ,,go on!'' der amerikanischen Wachsoldaten ist über Nacht ein ,,Oui'' und ,,Non'' oder ,,Vite! Vite!'' geworden.

*

19. Mai 1945. Einer unter den annähernd 200 000 Gefangenen im Lager Bretzenheim ist Fritz Schuler. Unter diesem Namen kennen ihn damals nur seine unmittelbaren Nachbarn im Camp. Heute jedoch kennen in Hunderttausende. Nicht nur in Deutschland. In ganz Europa, in vielen Ländern und Kontinenten. Aber auch nicht unter dem Namen Fritz Schuler, sondern unter dem viel einprägsameren ,,Fypsilon''. Das ist Pseudonym und Künstlername für einen der bekanntesten und beliebtesten Musikal-Clowns unserer Zeit, einen Spaßmacher, den die Agenten zahlreicher Varietés das ganze Jahr über durch ganz Europa und die halbe Welt jagen, weil viele einmal über die Späße eines ,,Fypsilon'' lachen wollen, jenes Clowns, der sich immer mehr anschickt, in die Fußstapfen großer und berühmter Vorbilder zu treten.

Die Geschichte des Lagers Bretzenheim wäre unvollständig ohne die Geschichte von Fritz oder ,,Fips'' Schuler und seinen Getreuen, den ,,Optimisten''. Die Chronik vom Leiden und Sterben im Lager Bretzenheim wäre zu düster, zu pessimistisch, zu tragisch ohne die Geschichte von Fritz Schuler und den ,,Optimisten'', die die Landser damals wieder das Lachen lehrten und die ihren Anteil daran hatten, daß aus mancher Verzweiflung neue Hoffnung, aus mancher Apathie neuer Lebensmut wuchs.

An diesem strahlenden 19. Mai des Jahres 1945 schüttelt Fritz Schuler energisch die Schrecken der letzten Wochen von sich ab. Inmitten einer kleinen Gruppe von Landsern steht plötzlich Theo Lingen mit unverkennbarem Mundwerk und nuschelt Hans Moser vor sich hin — glänzend imitiert und parodiert von Fritz Schuler. Der Bann ist gebrochen, die Gefangenen applaudieren begeistert und zwingen „Fips" zu immer neuen Kapriolen seiner glänzend ankommenden Imitationen.

Daß dieser jetzt gerade 20 Jahre alte gebürtige Württemberger mit dem todernsten Gesicht die Landser um ihn herum zu donnernden Lachsalven hinreißt, kommt nicht von ungefähr. Bereits mit 16 Jahren beherrscht Schuler das weite Feld der Imitationen und Parodien glänzend. Kein Wunder, daß der junge Mann nach der Elektriker-Lehre und zeitweiligem Besuch einer Ballettschule in jenen letzten Kriegsjahren, da selbst 15jährige Hitlerjungen noch an der Front „verheizt" werden, nicht verschont bleibt. Doch Schuler hat Glück. Man drückt ihm keine „Knarre" oder Panzerfaust in die Hand, sondern steckt den angehenden Künstler in die Truppenbetreuung, wo er seine Vorführungen — inzwischen ist auch die Exzentrik hinzugekommen — ständig weiter verbessert.

Und jetzt, im Lager Bretzenheim, wird Schuler plötzlich „gehandelt" wie Zigaretten oder Brot oder Schokolade. Jeder möchte seine Imitationen hören, jeder möchte mal wieder von Herzen lachen können. Schuler zaubert dieses Lachen selbst aus dem Verschlossensten und Erbittertsten hervor. Das Eis ist wahrhaft geschmolzen, und viele vergessen fast in diesen Augenblicken, wenn sie draußen in der Sonne vor ihren Zelten und Blockhütten sitzen und Fips Schuler lauschen, daß sie schwerbewacht in einem Gefangenenlager auf die Heimkehr warten.

Plötzlich ist einer mit einer Gitarre da. Niemand weiß, wie er sie aufgetrieben, durch welche Tricks er sie durch das mehrmalige Filzen bewahrt hat. Der Mann spielt auf seiner Gitarre. In einer Kirche hätte es nicht ruhiger sein können. Immer mehr ehemalige Soldaten schließen einen dichten Ring um den Gitarristen und um Schuler, der anschließend neue Imitationen bringt.

Einer der begeisterten Zuhörer steckt ,,Fips'' nachher ein paar Zigaretten in die Tasche und erzählt ihm beiläufig, irgendwo im Lager gebe es eine Truppe mit bekannten Künstlern von Film, Funk und Schallplatte. Schuler macht sich auf die Suche nach diesen Kollegen. Schnell findet er sie. Er muß ihnen vorspielen. Imitieren, parodieren, Exzentrik. Fred Gito, der Leiter der Künstlergruppe, berät sich kurz mit seinen Freunden. Dann geht er auf Fritz Schuler zu und drückt ihm wortlos die Hand.

,,Fips'' weiß, daß er als gleicher unter gleichen in ihren Kreis aufgenommen worden ist, als Jüngster aber auch den kritischen Anforderungen der Älteren besonders stark ausgesetzt ist. Das ist die Geburtsstunde der ersten Lagerbühne.

Die acht Männer der Lagerbühne erhalten von ihren Bewachern Sonder-Ausweise, die sie berechtigen, ihr eigenes Camp zu verlassen und in anderen Camps zu spielen. So treten sie denn jeden Nachmittag in einem anderen Camp auf. Bei schönem Wetter auf freiem Feld, bei Regen auf einer provisorisch zusammengebauten Bühne im größten Raum des Camps. Es gibt kaum einen der Camp-Insassen, der sich diese Gastspiele entgehen läßt. Die Soldaten sind glücklich, nach dem ewigen Einerlei der vorausgegangenen Wochen eine Abwechslung zu haben.

Zu Hunderten sitzen sie draußen auf dem Boden und lauschen verklärt den Vorführungen der acht Künstler. Und kaum ist das ,,Gastspiel'' beendet, freuen sie sich schon wieder auf den nächsten Besuch.

Eines Tages im Mai ist es dann soweit: Die ersten Gefangenen aus dem Lager Bretzenheim werden entlassen. Niemand jubelt laut deswegen, denn dafür haben die Männer zu lange auf diesen Augenblick warten müssen. Aber jetzt ist wenigstens der Anfang gemacht, jetzt sehen die Landser, daß etwas geschieht, daß sie doch nicht vergessen worden sind!

Unter den ersten, die das große Lagertor an der Straße Kreuznach-Bretzenheim als freie Menschen verlassen, sind neben Schwerkranken und Ausgezehrten auch die meisten der ersten Lagerbühne. Nur Fritz Schuler ist nicht dabei. Doch er hat gar keine Zeit, über diese vermeintliche Ungerechtigkeit nachzudenken. Die Lagerbühne ist „gestorben", aber die hunderttausend Zurückgebliebenen wollen die Clownerien, die musikalischen Vorträge, die Pantomimen und kleinen Sketche nicht missen, die ihnen einen Hauch Glückseligkeit vermittelt haben.

Wirklich, die PWs brauchen nicht lange auf die liebgewordenen Theater-Nachmittage zu verzichten. Kammersänger Hans Heß bildet mit „Fips" Schuler den Grundstock zu den später innerhalb und außerhalb des Lagers bekannten und beliebten „Optimisten". Später sind es dann Herbert Bahr als Ansager, Udo Löptin, der glänzende Schauspieler, ferner die Mimen Rolf Sebastian, Kurt Arnold Götz, der nicht nur hervorragend schauspielert, sondern genauso glänzend rezitiert, Hans Schrade (Schauspieler) sowie Hans Heß und Fritz Schuler, die beiden Komiker der „Optimisten". Während die Franzosen die „Optimisten" zahlenmäßig auf sieben Mann begrenzen, stoßen später u. a. noch der Musiker Rudi Strobel, der Erste Konzertmeister Karl Wenzel und Helmut Rudolf zu der Gruppe.

Fast jeden Nachmittag sind die „Optimisten" unterwegs. Mal spielen sie im Camp 2, mal im Camp 13, mal gastieren sie bei schlechtem Wetter in der Bäckerei, mal bei

Sonnenschein auf freiem Feld zwischen den Baracken. Sie spielen ihr umfangreiches Programm laufend durch, ändern es, nehmen neue Nummern herein, schmeißen alte, nicht mehr ,,ankommende" heraus, werden immer besser und immer beliebter bei all jenen, die seit Monaten oder Jahren auf alles verzichten mußten, was auch nur nach Kultur ,,roch".

Fips Schuler, heute als ,,Fypsilon" international anerkannter Exzentriker und Imitator, hat in jenen Tagen ein kleines Tagebuch geführt. Blättern wir ein wenig darin, denn hier sind die wichtigsten Stationen der ,,Optimisten" gewissenhaft aufgezeichnet und der Nachwelt erhalten:

,,12. August 1945. Zirkusdirektor Belli kommt ins Lager. Ist aber nur wenige Tage hier. Camp jetzt vorwiegend Durchgangs- und Entlassungslager. — Trete bei den ,Optimisten' vorwiegend als Musical-Clown und Exzentriker auf. Nehme bei Helmut Rudolf Unterricht in Tanz.

November 1945. Tragen auf dem Fußballplatz im Camp 1 ein Spiel Künstler gegen Lagerleitung aus. Noch vor Weihnachten Bau eines regelrechten Theaters für mehrere hundert Soldaten im Lager. Wunderbare Bühne vorhanden, keine Improvisationen wie früher mehr nötig! Franzosen haben sehr viel Verständnis für unser Anliegen. Unterstützen unsere Bemühungen nach Leibeskräften ...

24. November 1945. Erste Vorstellung im neuerbauten Theater. Grandioser Erfolg. Auch französische Bewacher ganz begeistert von uns ,Optimisten' ... Mache am 30. 11. nach wochenlangem Training erstmals Kopfstand auf zwei Stühlen, die auf vier Flaschen stehen. Toller Trick! Kommt hervorragend an, werde ihn beibehalten.

Ende November 45. Kapelle Grosche kommt ins Lager. 1. Dezember großes Konzert. Die Kameraden sind schier verrückt geworden vor Freude ... 5. 12. Muß mit einem Wasserbau-Kommando nach Biebelsheim, alte Wasserleitung aus dortigem Lager abbauen ..."

Fritz Schuler, nur einmal im Jahr für wenige Wochen auf „Heimaturlaub" in seinem hübschen Heim in Waldhilbersheim, findet beim Blättern in seinem kleinen schwarzen Notizbuch unter dem Datum vom 6. Dezember die Eintragung „Schwarz nach Kreuznach". Sonst nichts. Aber Schuler erinnert sich genau.

„Das war eigentlich mit eines der tollsten Dinger, die wir damals gedreht haben. Der französische Wachsoldat Morris, ein großer Anhänger und Bewunderer meiner damaligen Vorführungen, wollte mir unbedingt einen Gefallen tun. Das konnte er! Er sollte mich schwarz aus dem Lager schmuggeln. Die Sache — so kitzlig sie damals auch war, denn jeglicher Fluchtversuch wurde mit mehr oder minder langer Unterbringung im gefürchteten ‚Strafcamp' geahndet — klappte besser als erwartet!

Wie zu einem normalen Arbeitskommando führte mich Morris mit vorgehaltener Maschinenpistole aus dem Lager. An der Rotlay, kaum außer Sichtweite der anderen Bewacher, hielt er einen Lastwagen an, der uns mit in die Kreuznacher Innenstadt nahm. Beim Friseur Wenzel in der Kreuzstraße besorgte ich mir dann Zöpfe, Perücken, Schminke und all die Utensilien, auf die die ‚Optimisten' bei ihren Vorführungen bisher verzichten mußten. Es war ein höchst ergiebiger ‚Fischzug' — natürlich auch wieder unter ‚strenger Bewachung' — klappte ausgezeichnet!"

Steht als weitere Eintragung in Schulers Tagebuch: „Morris hat viel Gutes getan!" Und unter dem Datum des 13. Dezember: „Erste Nachricht von zu Hause."

Durch Vermittlung von Udo Löptin dürfen die „Optimisten" am 15. Dezember 1945 zum erstenmal seit ihrer Gründung geschlossen das Lager Bretzenheim verlassen

— unter strenger Bewachung natürlich — um in der Aula der Kreuznacher Reitschule öffentlich aufzutreten — für damalige Verhältnisse eine Sensation ersten Ranges! Kein Wunder, daß die Aula mehr als überfüllt war. Viele der Zuschauer hatten kleine Geschenke für die Gefangenen mitgebracht: Zigaretten, Streichhölzer, Brot, Wurst, meist jedoch Wein — kleine Kostbarkeiten zu einer Zeit, da auch die Zivilbevölkerung nur das Notwendigste zum Leben hatte.

Fips Schuler erinnert sich, daß die damals als Bewachung mitgekommenen Marokkaner den Gefangenen die Annahme der Geschenke nicht verweigerten, dafür jedoch von dem spendierten Wein so viel in ihre durstigen Kehlen schütteten, daß sie noch während der Vorstellung veilchenblau waren. Damit die sich wie Kinder gebärdenden Marokkaner keinen leichtfertigen Blödsinn machen konnten, entluden mehrere der ,,Optimisten'' heimlich die Gewehre ihrer Bewacher.

Nach dem zweiten und weiteren Gastspielen außerhalb des Lagers notiert Schuler in seinem Notizbuch: ,,Kriegen von der Bevölkerung bei jedem Auftreten Wein. Haben jetzt fast jeden Abend ,,Tee'' in der Feldflasche und schmuggeln ihn ins Lager. Viele der Kameraden weinen vor Freude über dieses Mitbringsel ...''

Noch vor Weihnachten, dem ersten Christfest im Lager Bretzenheim, studieren die zahlenmäßig inzwischen stärker gewordenen ,,Optimisten'' ihre erste Operette ein und führen sie mit großem Erfolg auf der Lagerbühne auf. Fips Schuler erinnert sich schmunzelnd, wie ihr Requisiteur zwar einige für eine Operette unentbehrliche Sektflaschen von den Franzosen auftreiben konnte, nicht jedoch das perlende Getränk dazu. Um die Sache dann aber so stilecht wie möglich zu machen, taten die ,,Optimisten'' Natron ins Wasser und fabrizierten so — zumindest für die Hunderte von Zuschauern im ,,Parkett'' — den schönsten ,,Sekt''.

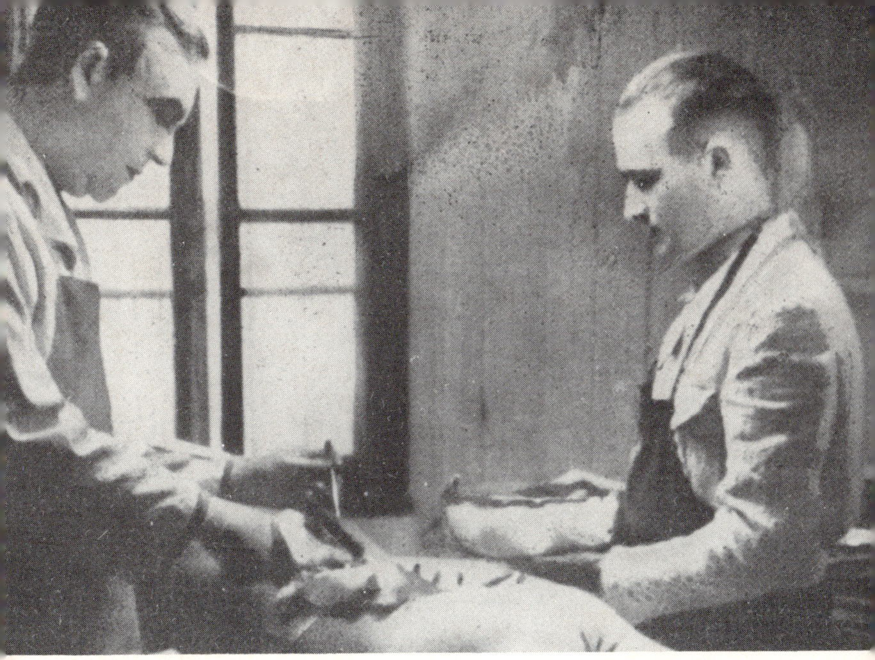

Die ärztliche Betreuung der deutschen Kriegsgefangenen wurde nach dem anfänglichen Chaos von Monat zu Monat besser. Nachdem vornehmlich in den ersten Wochen und Monaten nach Einrichtung des Lagers Hunderte ohne jegliche Hilfe sterben mußten, wurde später alles getan, um die erschreckend hohe Todesrate herabzudrücken.

Meist primitiv und einfach, immer jedoch mit viel Liebe ausgeschmückt waren die Wohnräume der deutschen Gefangenen in den einzelnen Camps.

Am Heiligen Abend erhält jeder der noch verbliebenen Gefangenen im Lager Bretzenheim — viele sind inzwischen entlassen worden, ebenso viele wieder hinzugekommen — ein kleines Päckchen mit Lebensmitteln von der Bevölkerung rund um das Lager. Die ehemaligen Landser packen die Kleinigkeiten scheu und staunend aus, lesen mit großen Augen die vielfach mit krakeliger Kinderschrift entworfenen Weihnachtsgrüße, streicheln fast zärtlich immer und immer wieder über den selbstgebackenen Stollen, die selbstgegossenen Kerzen, über all das, was sich die Spender förmlich vom Munde absparen mußten, um „ihren" Gefangenen eine Festesfreude zu machen.

Und dann sitzen sie beisammen, knabbern andächtig an ihren Süßigkeiten, tauschen aus, was doppelt ist und singen. „Stille Nacht, heilige Nacht ..." Die Melodie pflanzt sich fort von Camp zu Camp. Sie kommt aus rauhen Männerkehlen. „Stille Nacht, heilige Nacht ..."

Die wenigen Kerzen flackern im rauhen Dezemberwind, der durch die undichten Baracken fegt. Ihre Flammen werfen gespenstische Reflexe auf die graubraunen Wände. In jeder Baracke, in jedem Camp wird jetzt gesungen. Es ist kein Chor wie damals im Lager Galgenberg, als Tausende wie ein Mann ihren Hunger hinausschrien. Es sind die Lieder, die die Männer schon als Kinder gesungen haben und die sie jetzt wieder singen, selbst zu Kindern geworden. „Es ist ein Ros' entsprungen ..." Niemand stört die Disharmonie, wenn in einer Baracke das Lied von der stillen Nacht erklingt und gleich daneben „O, du fröhliche ..." Niemand will sich stören lassen an diesem Abend, den sie hofften, bei ihrer Familie verbringen zu können.

„Und es geschah in jener Nacht ..." In irgendeiner der Baracken erzählt jemand die Weihnachtsgeschichte. Es klingt fast, als ob er sie aus der Bibel ablese, so flüssig und ohne Stocken kommen die Worte von seinen Lippen.

Aber es ist keine Bibel da. Es ist ein evangelischer Pfarrer, der die Frohbotschaft verkündet. ,,Und Friede auf Erde den Menschen, die guten Willens sind ...!''

*

Fritz Schuler weiß weiter zu erzählen, daß die ,,Optimisten'' — inzwischen haben sich der ursprünglich aus sieben Mann bestehenden ,,Stammgruppe'' weitere Künstler aller Richtungen angeschlossen — zu Silvester vor Hunderten von Gefangenen eine Bar-Szene spielen, für die sie ebenso begeisterten Beifall ernten wie wenig später, am 28. Januar des neuen Jahres, für ihren Sketch ,,Der unmögliche Gast'', der so gut bei den ehemaligen Landsern ankommt, daß die Lagerbühne ihn immer und immer wieder spielen muß — viele Dutzend mal.
Da Fritz Schuler als einer der ,,Stars'' der ,,Optimisten'' damals ganz in seiner Arbeit aufgeht, ist es nur zu natürlich, daß der größte Teil seiner Tagebuch-Aufzeichnungen seiner künstlerischen Betätigung gewidmet ist. Aber in dem bis heute sorgsam aufbewahrten Notizbüchlein finden sich auch Eintragungen privater Natur, die stellvertretend für die Gedankenwelt vieler ehemaliger Gefangenen gelten mögen.
,,Ende Januar/Anfang Februar. Ich bekomme plötzlich Post! Nicht nur von zu Hause, auch von ehemaligen Kameraden, denen ich durch meine Vorführungen oder sonstwie geholfen habe. Sie schreiben rührende Briefe und schicken Päckchen mit Lebensmitteln. Ein schönes Gefühl, von manchen doch nicht vergessen worden zu sein! ...
1., 2. und 3. März. Mein Vater kommt aus Württemberg und besucht mich im Lager. Festtage für ihn und für mich. Vielleicht könnte ich auch entlassen werden, aber man braucht mich hier im Lager wie die anderen Kollegen der ‚Optimisten'. Deshalb wird es sicherlich noch eine Weile dauern, bis ich hier rauskomme. Aber ich fühle mich relativ wohl. Trotz allem! Die Arbeit macht mir ungeheuer viel Spaß und füllt mich ganz aus ...

19. März 1946. Mit den ‚Optimisten' feiere ich Geburtstag. Aber auch an diesem Nachmittag wird gespielt. Mein erster Geburtstag in Gefangenschaft! Ob es auch mein letzter ist? ...

Ende März. Die Franzosen verbieten das Tagebuch-Führen. Ich verstecke mein erstes, inzwischen vollgekritzeltes Büchlein und schreibe heimlich weiter. Hoffentlich erwischen sie mich nicht! Habe keine Lust, in den ‚Bau' zu gehen ...

Anfang April. Wir spielen jetzt nicht nur in Kreuznach, sondern im ganzen Kreis zugunsten des Lazaretts. 30. 4. Gastspiel in Waldböckelheim, 3. 5. in Stromberg, 9. 5. in Sobernheim, 10. 5. wieder in Sobernheim, 11. 5. in Kreuznach, 14. und 15. 5. in Kirn, 18./19. Mai in Langenlonsheim, 21. 5. in Kreuznach. Später spielen wir auch in den Kreisen Bingen, Alzey, im Raum Idar-Oberstein und weit ins Hessische hinein. Gegen Ende des Jahres werden die meisten der ‚Optimisten' entlassen. Ich als jüngster von ihnen muß noch bleiben. Aber lange kann es nicht mehr dauern! Bin es jetzt doch ziemlich leid hier! ..."

An ein für die damalige Zeit typisches Erlebnis kann sich Schuler heute noch besonders gut erinnern. Bei einem Gastspiel in Kirn singt einer seiner Kollegen während eines musikalischen Abends „Ja, das Schreiben und das Lesen ..." aus dem „Zigeunerbaron". Aus alten Uniformen, Zeltplanen und gespendeten Kleidungsstücken haben sich die „Optimisten" um diese Zeit — um die Mitte des Jahres 1946 — längst Kostüme für ihre Operetten-Aufführungen geschneidert. Auf dem Phantasie-Kostüm des Schweine-Barons prangen weithin sichtbar zwei ineinandergeschlungene Achten. Man könnte die Zahl 88 daraus lesen.

Die französischen Bewacher tun es sogar. Plötzlich ist die Bühne umstellt. Mitten in der Vorstellung! Sie muß sofort abgebrochen werden! Die „Optimisten" Schneider und Schrade und deren Betreuer werden noch auf der Bühne verhaftet und später eingelocht. Was ist geschehen? Tage später hören die völlig verstörten Künstler die Begründung: Mit der Zahl 88 verbinden die Franzosen die Vorstellung einer deutschen Untergrund-Bewegung. Die erste 8 bedeutet für sie den sattsam bekannten Gruß ,,Heil!'', die zweite den ,,Hitler''. Kein Wunder, daß sie nervös geworden sind! Seitdem hüten sich die ,,Optimisten'', jemals wieder in irgendeiner Form eine Acht zu verwenden.

Nicht mehr in Schulers Tagebuch verzeichnet — dessen Eintragungen um diese Zeit plötzlich aufhören — aber in seiner Erinnerung noch genauso lebendig sind jene Tricks, mit denen er wie auch andere ,,Optimisten'' arbeiteten, um andere, nicht der Künstlergruppe angehörende Kameraden hin und wieder mit aus dem Kriegsgefangenen-Lager zu schmuggeln. So legt sich Schuler — stillschweigend geduldet von den französischen Bewachern — für größere Aufführungen wie Operetten, Sing- und Schauspiele einen eigenen ,,Friseur'' und ,,Schminkmeister'' zu. Natürlich frisiert und schminkt er sich selbst vor der Aufführung. Aber für zwei Kameraden bedeutet dieser Ausflug in die Freiheit unendlich viel.

Wie ein roter Faden zieht sich die Geschichte der ,,Optimisten'' durch die Chronik des Kriegsgefangenen-Lagers Bretzenheim. Es ist die Geschichte von selbstlosen Männern, die — jeder auf seine Art — ihre Kunst in den Dienst einer guten Sache stellten, einer Sache, die heute noch die meisten ehemaligen Gefangenen dieses Lagers als ,,Lichtstrahl in der Dunkelheit'' — wie sich einer von ihnen ausdrückte — bezeichnen.

Obwohl die meisten der im Kriegsgefangenen-Lager Galgenberg bzw. Bretzenheim zusammengetriebenen ehemaligen Landser von den Bewachungsmannschaften bei Beginn ihrer von manchen sarkastisch als „Kur" bezeichneten mehrwöchigen oder gar mehrmonatigen Internierung gründlich „gefilzt" worden waren, hatte mancher von ihnen ein paar Fetzen Papier, ein kleines Notizbüchlein oder auch nur einige persönliche Briefe ins Lager retten können. Viele der von morgens bis abends untätig ihrem Schicksal ausgelieferten Landser führten während ihrer Gefangenschaft auf diesem oftmals winzigen Raum geschmuggelten Papiers eine Art Tagebuch, das die meisten von ihnen auch heute noch — vierzig Jahre nach jenem furchtbaren Geschehen — als einzigen Besitz und handgreifliche Erinnerung an ihre unrühmliche Kreuznacher Zeit besitzen.

Einer von denen, die damals ihre Erlebnisse niederschrieben und dem Tagebuch bis heute einen Ehrenplatz in ihrem Bücherschrank einräumten, bekam jetzt durch Zufall in Gemünden (Hunsrück), seinem jetzigen Wohnort, die Chronik über das Kriegsgefangenen-Lager Kreuznach-Bretzenheim zu Gesicht. Er selbst will seinen Namen nicht genannt wissen, hat jedoch vom ersten Tag an bis kurz vor seiner Auflösung die „Segnungen" des Ausgangslagers Galgenberg kennengelernt. Das in den Frühjahrsmonaten 1945 entstandene Tagebuch fanden wir so interessant und aufschlußreich, daß wir es unseren Lesern nicht vorenthalten wollen und daher mit dem auszugsweisen Abdruck jener unvergeßlichen Eindrücke beginnen, wie sie der Gefangene aus Gemünden damals in einem etwa streichholzschachtelgroßen Miniatur-Büchlein niederkritzelte, nach seiner Entlassung dann allerdings aus den Stichworten einen zusammenhängenden Bericht zusammenstellte:

Die Landesschützenkompanie unter Führung von Hauptmann M. rückt am 9. oder 10. April von Bamberg ab. Einige Leute bleiben zurück, darunter ein Gefreiter mit Kommandogewalt über Block II der Kaserne, mit dem Befehl, so lange zurückzubleiben, wie es ohne Gefahr für

Leib und Leben möglich sei. Am 11. 4. erfolgte ein Fliegerangriff auf die Kaserne; Bomben wühlten das Gelände um, trafen aber, soweit festzustellen war, kein Gebäude. Der Angriff wurde im Keller mit leidlicher Haltung überstanden. Die Hiwis legten sich bei jeder Bombe, die man kommen hörte, flach auf den Boden. Der Gefreite ordnete für die ihm zugeteilten Leute an, am nächsten Morgen der Kompanie zu folgen. Da wir doch zu spät wegkamen, mußten wir, ehe wir die schützende Deckung des Waldes erreichten, vor Tieffliegern mehrfach in Deckung gehen.

Wir trafen die Kompanie in einer Mühle bei Amlingstadt. Der Hauptmann stelzte in Pantoffeln umher und empfing uns in bester Laune. Zum erstenmal seit Wochen konnten wir uns gründlich sattessen. Gegen Abend ging die Kompanie in Stellung. Hauptmann M. war schon vorgegangen und hatte dem Gefreiten befohlen, sich auf seinem Gefechtsstand zu melden und sich zu seiner persönlichen Verfügung zu halten. Die Kompanie stapfte ins Dunkel hinein, ins Ungewisse. Nach längerem Umherstolpern in sumpfigem, mit Niederwald bedecktem Gelände wurde der Kompanieführer gefunden, der aber seinen Gefreiten sofort zurückschickte, um in der rückwärtigen Stellung weitere Befehle abzuwarten. So stolperte er denn allein denselben Weg zurück, den er vorhin mit der Kompanie gekommen war.

Es war eine warme, fast schwüle Nacht. Von Westen her dröhnten die feindlichen Geschütze, denen eine in allernächster Nähe aufgestellte deutsche Batterie in heftigen Salven antwortete. Überall am Waldrand sah man zu Tausenden Glühwürmchen, eine Erscheinung, die ich um diese Jahreszeit noch nie bemerkt hatte. Neben vielen zurückflutenden Fahrzeugen stolperte der Gefreite in der Dunkelheit der Nacht umher und war froh, als er nach mehrstündigem Marsch in das Stroh der Mühlenscheune in Amlingstadt sinken konnte.

Im Laufe des nächsten Vormittags kam auch die Kompanie zurück. Alsbald kam der Befehl zum Weitermarsch. Der Feldwebel H., der in der Kompanie keine Rolle gespielt hatte, entwickelte auf einmal ungeahnte Talente. Schnell hatte er einen zweirädrigen Karren mit einem alten Klepper organisiert, auf dem die Verpflegungsbestände der Kompanie transportiert werden sollten. Da man auf diesem Karren auch Gepäck und Gewehr unterbringen konnte, schloß der Gefreite sich ihm an. Doch bald war die Herrlichkeit zu Ende. Als es einen steilen Stich hinaufging, streikte unser Klepper, und ein Bauer mußte den Wagen mit einem wohlgenährten Ochsen hinaufziehen.

Nach etwa zweistündigem Marsch kamen wir in dem Dorf Friesen am Keuperrand der Fränkischen Schweiz an. Als Quartiermacher waren wir die ersten im Ort, konnten uns gründlich waschen und wurden in einem Bauernhaus gut verpflegt. Die Schwester des Bauern, eine Ordensschwester aus Würzburg, erzählte uns von dem furchtbaren Schicksal der Stadt, die Mitte März einem vernichtenden Fliegerangriff zum Opfer gefallen war. Sie forderte uns geradezu auf, Schluß zu machen.

Am nächsten Morgen ging es weiter nach Krötschendorf. Daselbst Abkochen und Verpflegung. Als man von dem vormittäglichen Marsch etwas ausruhen wollte (unser Gefreiter inspizierte gerade die Forellenbestände in einem vorüberfließenden Bächlein), da hieß es: ,,Fertigmachen! Weiter!'' Wir marschierten zunächst durch ein Wäldchen, das gute Deckung gab. Schon ehe wir den Waldrand erreichten, hörten wir feindliche Granaten über uns hinwegsausen, wodurch eine Marschpause notwendig wurde. In manchen Gesichtern malte sich Betroffenheit und Angst, besonders bei einem Stabsfeldwebel, der kurze Zeit vorher von der Würzburger Kompanie des Bataillons zu uns gestoßen war. Bald darauf konnten wir die Einschläge der feindlichen Artillerie feststellen, sie saßen ziemlich genau auf einer Straßenkreuzung.

Bald darauf kamen wir in ein Dorf, dessen Namen mir entfallen ist. Infolge der Anstrengungen des Marsches war die Kompanie weit auseinandergezogen und in einiger Unordnung. Ein Offizier einer anderen Einheit versuchte uns aufzuhalten und in die Kampfhandlungen einzusetzen. In diesem Augenblick kam Hauptmann M. hinzu und setzte dem Offizier in barschem Ton auseinander, daß ein Einsatz für „seine alten abgehetzten Leute nicht in Frage komme", worauf der Marsch weiterging bis zu dem nächsten Dorf, Drosendorf. Unsere „Gefechtsbagage" war aber irrtümlich zurückgeblieben, so daß abends keine Verpflegung ausgegeben werden konnte. Da die meisten Leute aber noch gut versorgt waren, war das weiter nicht schlimm.

M. war aber sehr erbost und gelobte, dieser Troßwirtschaft ein Ende zu machen. Die drei Züge der Kompanie sollten in drei Scheunen Quartier beziehen. Von dem ersten Zug, unter Führung von Stabsfeldwebel H., stellten sich aber nur vier Mann ein. In der Dämmerung kam H. an und gab Befehl, in Stellung zu gehen. Nur zögernd leisteten die vier Mann Folge, und aus ihren Äußerungen konnte ich entnehmen, daß sie entschlossen waren, sich mit einbrechender Dunkelheit zu entfernen. H. selbst war unentschlossen, wollte sich aber nichts anmerken lassen. Und so zog denn ein Trupp von sechs Männern (einschließlich des bewußten Gefreiten), bewaffnet nur mit den langen französischen Schießprügeln, aus, um die amerikanische Armee aufzuhalten.

Doch bald darauf hieß es: „Heraustreten, die Amis sind da!" Wir sammelten uns in der Dorfmitte, wo zwei Amerikaner mit einem Jeep hielten. Der Hauptmann übergab die Kompanie in Gefangenschaft. Der eine der Amerikaner sprach gut deutsch. Bald darauf ging es in Marschkolonne nach dem nahegelegenen Egolsheim. Wir wurden an eine Kirche geführt, die von einem alten Friedhof umgeben war. Dort begann die Filzung, bei der auch

Auch handwerklich durften sich die Gefangenen nach und nach bei zunehmender Normalisierung des Lagerlebens betätigen.

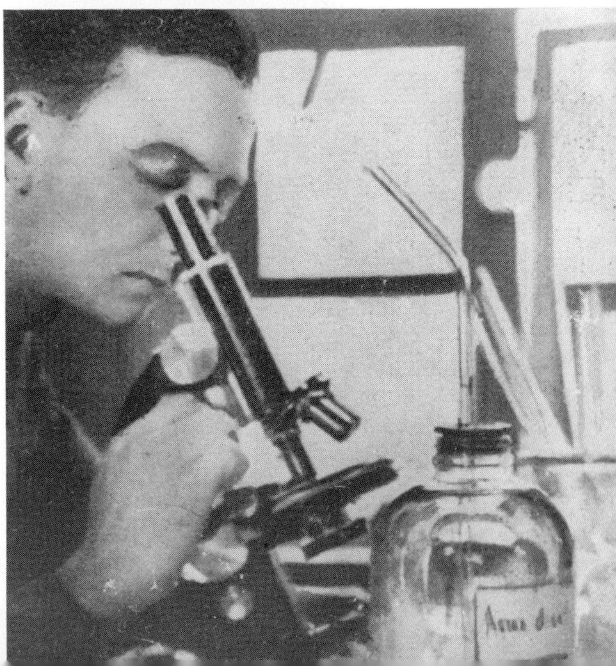

Im Gefangenen-Labor wurden insgesamt 7 600 bakteriologische Untersuchungen durchgeführt.

Uhren und andere Wertgegenstände mitgingen. Ein Offizier, der ebenfalls sehr gut deutsch sprach, riet uns, alles abzugeben, da wir bald in der Lagerkantine alles wieder kaufen könnten. Auch versicherte er uns, daß die Amerikaner im Gegensatz zu den Deutschen ihre Gefangenen gut behandelten. Ich bin mir heute noch nicht klar, ob er selbst glaubte, was er sagte, oder ob er uns für dumm verkaufen wollte.

Unser Gefreiter jedenfalls war skeptisch und behielt, was er behalten konnte, so daß er gut ausgerüstet mit zwei guten Wolldecken, sämtlichem Waschzeug, Rasierzeug und Feldflasche in Gefangenschaft ging. Den Nachmittag lagen wir auf dem Friedhof. Die Ruhe währte aber nicht lange. Über dem Ort entbrannte ein heftiger Luftkampf, man hörte das Zischen der Kugeln, Äste fielen von den Bäumen herunter, und wir mußten mehrfach in die Kirche flüchten, um Deckung zu nehmen. Der amerikanische Offizier sagte, spöttisch lächelnd: „Aha, jetzt setzt er seine letzten Messerschmitts ein!"

Abends wurden wir in einer benachbarten großen Scheune untergebracht. Der Gefreite mußte in das dritte Stockwerk hinaufsteigen, wobei er sich keineswegs wohlfühlte. Obwohl Rauchen streng verboten war, fürchtete er den Ausbruch eines Brandes, da er wußte, wie unbeherrscht manche Landser in dieser Beziehung waren. Da es auch nichts zu essen gab und Hunger in den Eingeweiden wühlte, so war die Stimmung sehr niedergedrückt. Er war am anderen Morgen froh, als der Abtransport begann. In flotter Fahrt, teilweise auf zerstörten Wegen, ging es nach Bamberg, wo wir auf dem dortigen Schlachtviehhof abgeladen wurden. Auf dem großen Platz waren schon viele Gefangene, und stündlich trafen neue Transporte ein. Viele hatten sich schon auf den Boden gelegt, was mir aber nicht passen wollte. Wie gerne habe ich mich ein paar Stunden später auch hingelegt; zudem hat Bamberg einen trockenen, fast schwarzen Sandboden, der zwar an den Kleidern hängenbleibt, aber sich doch leicht abschütteln läßt.

Nachmittags gab es sogar Verpflegung, eine schwere und eine leichte Büchse; die schwere enthielt Bohnen mit Fleisch, die leichte Keks und dergleichen. Da alles sehr wohlschmeckend war, sah man etwas hoffnungsvoller in die Zukunft. Übernachten mußten wir auf dem blanken Boden; da unser Freund aber mit zwei guten Wolldecken ausgerüstet war, überstand er die Nacht gut, zumal es tagsüber schön warm war und der Boden etwas angewärmt wurde. Etwaige Fluchtgedanken wurden durch die rundum postierten, mit Maschinengewehren ausgerüsteten Schwarzen vertrieben.

Der nächste Tag verging unter ständigem Warten; man konnte es nicht glauben, daß man uns hier auf der Erde liegen ließ. Verpflegung gab's, wieder zwei Büchsen; doch eine andere Not trat auf: Wasser. Für jeden gab es einen Becher. Als sich unser Freund abends zum Schlafen in seine Decken eingewickelt hatte, kam ein Leidensgenosse: ,,Kamerad, darf ich mich unter deine Decke legen? Ich habe nichts, ich erfriere sonst.'' Bereitwillig wurde ihm Platz gemacht. Am nächsten Tage wurden die Offiziere herausgeholt und abtransportiert. Unser Hauptmann, der so gern mit uns zusammengeblieben wäre, winkte uns ein letztes Mal zu. Gegen Mittag wurden auch wir verladen und abtransportiert. Da es ohne jede Ordnung ging, so kam nur ein Teil unserer Kompanie mit. Beim Verladen spielten sich häßliche Szenen ab. Die Amis, die die Männer einzeln aus der Umzäunung herausließen, trugen schwere Knüppel in der Hand, und man sah ihnen an, daß sie nicht nur zur Stütze dienten.

Unserem Freund K. erging es schlecht. Nachdem eine gewisse Anzahl von Männern für einen Wagen abgezählt war, wollte er noch mit durchschlüpfen. Ein Ami mit einer Riesengestalt packte ihn und würgte ihn am Hals, bis er zu Boden sank. Die Empörung, daß man einen wehrlosen Gefangenen so behandelte, stieg in uns hoch. Beim Passieren des Tores wurde ein Soldat plötzlich von Zivilisten, die außerhalb standen, angehalten. Offenbar waren es Fremdarbeiter; sie sprachen aber deutsch, allerdings in einer fremdklingenden Mundart. Sie beschuldigten den Soldaten, sie in einem Lager schlecht behandelt zu haben. Trotz aller seiner Einreden wurde er von der Bewachung festgehalten. Beim Aufsteigen auf die Wagen ging es offenbar nicht rasch genug. Plötzlich klatschte eine Peitsche auf die Köpfe und in die Gesichter der Männer und brachte sie in raschere Bewegung.

Auf einem Wagen standen mehr als siebzig Männer; der Gefreite fand ziemlich am Ende des Wagens Platz, hatte aber keine Gelegenheit, sich an dem Aufbau des Wagens festzuhalten, so daß er genötigt war, jede Bewegung des Wagens im Körper auszubalancieren. Jeder hoffte, daß die Qual bald ein Ende haben werde. Die Fahrt ging zunächst nach Schweinfurt. Weiter ging die Fahrt ohne jeden Aufenthalt durch Lohr, Aschaffenburg, Hanau, und wir kamen abends vor Frankfurt an. Da einer von einem Schwarzen Frankfurt als Ziel erfahren hatte, glaubten wir, bald am Ende unserer Fahrt zu sein. Die Fahrt ging dann durch Frankfurt durch, infolge der Dunkelheit war nicht mehr zu erkennen, wohin. Bald fuhren wir über eine stark schwankende Schiffbrücke und waren in Mainz.

Im Herzen unseres Gefreiten glomm eine schwache Hoffnung auf: Es ging in heimatliche Gefilde; sollte es nicht möglich sein, bei einem Halt vom Wagen zu springen und sich auf eigene Faust in die Heimat durchzuschlagen? Das war allerdings insofern schwierig, als wir in einer Wagenkolonne fuhren und wir nicht der letzte Wagen waren, so daß ein Flüchtling zu leicht in den Lichtkegel des nächsten Wagens geriet. Mit fiebernder Spannung wird der weitere wohlbekannte Weg verfolgt: Finthen, Ingelheim, dann Abschwenken durch Rheinhessen, es war kein Zweifel, jetzt ging es nach Bad Kreuznach. Die Fluchtgedanken verstärkten sich; wenn es über Kreuznach hinausgeht, dann wird bei Norheim oder Niederhausen der Versuch gemacht, vom Wagen zu springen. Von dort nach Hüffelsheim zu kommen sollte nicht allzu schwer sein.

Doch in Kreuznach biegen die Wagen plötzlich von der Straße ab, es geht auf die Kaserne zu, durch die Kasernentore hindurch, dann hält der Wagen. Wieder ging das Absteigen nicht schnell genug. Es war nachts 3 Uhr am 19. April 1945. Wie eine Herde verlorener Schafe standen wir dicht gedrängt und warteten auf den Morgen, auf Licht.

Plötzlich erschien ein Soldat, der vorgab, schon mehrere Tage im Lager zu sein. Er machte uns darauf aufmerksam, daß Wasser sehr knapp sei; wenn wir Wasser haben wollten, müßten wir während der Nacht gehen. Zwei Mann und ich nahmen uns in jede Hand zwei Kochgeschirre und tappten in der Finsternis hinter ihm her zu einer Wasserstelle, wo wir tatsächlich Wasser bekamen. Als wir zurückkamen, waren meine Sachen und die eines Unteroffiziers, der mit mir Wasser geholt hatte, weg. Vollständig blank war ich, kein Waschzeug, kein Rasierzeug, kein Kamm, nichts mehr, und vor allen Dingen meine beiden guten Decken waren weg, obwohl ich vor dem Weggehen einen Kameraden gebeten hatte, auf meine Sachen zu achten.

Das war die erste grausame Lehre im Lager: Ich merkte, daß ich mich hier nicht mehr unter Kameraden, sondern unter einer Herde von reißenden Wölfen befand und daß man sich gegen Angriffe mit Zähnen und Klauen wehren mußte. Als die Dämmerung hereinbrach, merkten wir, daß wir uns in einem großen Lager befanden, das schon mit Tausenden und Abertausenden von Gefangenen belegt war, die alle auf der blanken Erde lagen. Langsam ging mir ein Licht auf, was mir hier bevorstehen würde.

Die Kameraden von meiner Kompanie legten sich auch nieder, wo sie gerade standen. Ich mußte darauf verzichten, da es sehr kalt war. Tagsüber war bis jetzt dauernd warmes, sonniges Wetter, nur die Nächte kühlten sich noch stark ab. Am 21. April aber erfolgte ein Kälteeinbruch mit Regenwetter. Der Spieß hatte Mitleid mit dem Gefreiten, er lieh ihm nachts eine Decke, da er mit den anderen Unteroffizieren zusammen in einem Zelt lag und überdies gut mit Decken versehen war. Da ich im Zelt nicht unterkam, war es trotz der Decke grausam kalt, und ich mußte mich in aller Frühe erheben, um mich zu bewegen, denn die Glieder waren steif gefroren.

24. April. Das Wetter ist besser geworden. Früher Sonnenaufgang. Trotzdem war es tagsüber viel bewölkt und dann recht kühl. Trotz der kalten Nächte bin ich gesundheitlich in Ordnung. Nachdem es in den ersten Tagen, ähnlich wie in Bamberg, täglich zwei oder auch nur eine Büchse gegeben hatte, hat man jetzt die Verpflegung umgestellt, es gibt Rationen für 16 Mann, die diese dann unter sich teilen müssen. Bei der Teilung schneide ich schlecht ab; es gibt vielerlei Dinge, ich aber habe nichts, um sie unterzubringen, so daß man das meiste auf der Stelle verschlingen muß. Den Rest kann ich auch schlecht verwerten, da ich kein Brennmaterial habe.

26. April. Das Wetter ist weiterhin gut, tagsüber sonnig, nachts kalt. Habe die Nacht verhältnismäßig gut verbracht. Um drei Uhr aber waren mir die Arme so kalt, als ob sie im Eis lägen. Bin dann bis Sonnenaufgang gelaufen. Nachrichten über die Kriegslage erhält man nicht, dafür werden um so mehr Latrinennachrichten verbreitet. Die Sonne hat mir das Gesicht vollständig verbrannt, kann mich infolgedessen nicht rasieren, habe allerdings auch kein Rasierzeug. Da die Amis grundsätzlich jedem Gefangenen das Rasierzeug weggenommen haben, sehe ich nicht allein so unrasiert aus. Die Stimmung ist gleichmäßig gedrückt; manche ergeben sich mit wildem Fatalis-

mus in die Lage, andere mit stiller Verzweiflung. Nichts entwürdigt einen Soldaten mehr als die Gefangenschaft, jede Haltung geht vor die Hunde.

27. April. Gestern wurden alle Männer unter 17 und über 55 Jahren herausgerufen, aber nur abgezählt und zurückgeschickt. Dann wurden die Portepeeträger herausgezogen. Das hat für mich die schlimme Folge, daß ich jetzt überhaupt keine Decke mehr habe. Gegen Abend kam ein Gewitter auf, und es hat lange geregnet. Da ich im Zelt lag, war ich geschützt und habe gut geschlafen. Heute folgt eine Regenbrise auf die andere. Verpflegung ist heute sehr mäßig. Hunger. Das Zelt ist weg, mir graut vor der Nacht. Keinerlei Nachrichten. Der Zufall hat es gefügt, daß ich jetzt nur noch Kameraden der Würzburger Kompanie um mich habe, keinen mehr von den Alten. Nicht gut. Ich muß versuchen, mich an Kameraden meiner Kompanie anzuschließen. Kalt und naß.

28. April. Die Nacht war erträglicher, als ich sie mir vorgestellt hatte. Ich lag mit einem Würzburger Kameraden unter einer Decke, Kälte war erträglich. Gegen ein Uhr fing es an zu regnen, doch hielt die Decke lange dicht. Erst um drei Uhr stand ich auf, da ein Krampf in den Beinen mich nicht mehr ruhen ließ. Heute morgen noch kalt, erst gegen Mittag kommt zeitweilig die Sonne durch. Hoffentlich trocknet sie den Boden etwas. Das ganze Lager ist ein Morast, man weiß nicht, wo man hintreten soll. Verpflegung ist heute noch geringer als gestern: sechs Keks, etwas Fleisch, Fisch und Marmelade, alles aber in ganz kleinen Portionen. Von der vielgerühmten guten Verpflegung, die der Ami in Egolsheim versprochen hatte, ist nichts zu merken. Die Unverträglichkeit im Lager nimmt immer mehr überhand. Wie ist die Welt so unvollkommen, oder besser gesagt: der Mensch! Die Natur grünt und blüht, über dem Lager schlagen die Lerchen, und nachts höre ich immer von fern eine Nachtigall.

1. Mai. Zwei schreckliche Tage liegen hinter uns. In der Nacht auf Sonntag war der Himmel vollständig klar, und bei hellem Mondschein froren wir schrecklich. Jeder glaubte, daß ein schöner Tag folgen werde. Wie die Sonne aufging, überzog sich binnen weniger Minuten der ganze Himmel mit Wolken. Den ganzen Tag wechselte Regen mit Sonnenschein, bei großer Kälte. Montag war ganz ähnlich. Gestern abend starker Regen, das ganze Lager schwimmt wieder im Schlamm. Gestern habe ich mich bei meinen Kameraden Sch. und Scho. eingebettelt. Wir haben eine tiefe Erdgrube, und die erste Nacht habe ich gut geschlafen, allerdings mit eiskalten Füßen. Heute morgen langes Gespräch mit Kamerad P., der zu Hause Obstbau und Bienenzucht rationell betreibt. Vielleicht muß einer meiner Buben einmal ähnlich arbeiten. Die Verpflegung war gestern gut, so daß ich wenigstens einmal satt war, vor allen Dingen versteht Freund Sch., mit dem kleinsten Stückchen Holz oder Pappe Feuer zu machen und das Essen heiß zu machen. Den Genuß von warmem Essen habe ich seit meinem Hiersein nicht mehr gehabt. So läßt sich die Kälte besser ertragen. Heute morgen waren ringsum die Höhen, die Gans, die Hardt und sogar der Winzenheimer Berg mit Schnee bedeckt, für Kreuznach bestimmt eine Seltenheit. Von Wegkommen ist immer noch keine Rede. Ob Waffenstillstand oder nicht, weiß niemand: Ich glaube aber nicht.

3. Mai. Gestern wurden wir aus dem alten Lager in einen neu angelegten Teil verlegt. Dieser neue Teil liegt weiter von den Kasernen entfernt auf der Höhe, dem Galgenberg. Wir wurden in einen Weinberg geführt, aber in wenigen Minuten hat man von einem Weinberg nichts mehr gesehen. Die Pfähle wurden ausgerissen, der Draht aufgewickelt, die Rebstöcke aus dem Boden gerissen. Die Verwüstung tat mir weh, aber zu ändern war nichts. In unserer unmittelbaren Nähe standen zwei Pfirsichbäumchen, und nachdem der Weinberg verwüstet war, sollten auch diese Bäumchen daran glauben, aber durch mein

robustes Eingreifen habe ich diese gerettet, und als ich das Lager verließ, waren sie noch wohlerhalten. Ein größerer Baum in etwas größerer Entfernung war nach zwei Tagen vollständig verschwunden.

Kaum hatten wir uns niedergelassen, da ging eine kalte Hagelbrise über uns hinweg. Strafe Gottes für unsere Zerstörungssucht! Im nassen Boden wühlten wir uns ein flaches Erdloch. Gefroren haben wir in der Nacht ganz schrecklich, so daß ich nur etwa zwei Stunden liegen konnte, die übrige Nacht sind wir im Lager umhergelaufen. Heute ist der Himmel wieder dicht bedeckt, es ist eisig kalt, und die Finger sind steif vor Kälte. Es scheint sich alles gegen uns verschworen zu haben. Von Entlassung wird viel geredet, Eisenhower soll gesagt haben, die Gefangenen sofort zu entlassen. Hoffentlich wird dieses „Sofort" trotzdem nicht zu lange für uns. Die meisten erhoffen die Entlassung schon für den nächsten Tag.

Habe in den letzten Tagen viel nachgedacht über Sinn und Aufgabe des Staates. Ist es Größe und Macht um ihrer selbst willen, oder die Wohlfahrt der Bürger? Preußen-Deutschland hat immer nach Ausdehnung und Vergrößerung seiner Macht gestrebt. Ist das deutsche Volk deswegen glücklicher, wohlhabender geworden als das kleine Volk der Schweizer? Kann sich das Volkstum auch in einem schwachen, kleinen Staate erhalten? Warum hat Goethe sich so wenig mit Größe des Staates und seiner Macht befaßt? Ein Nationalist ist er bestimmt nicht gewesen, dieser universale Geist. Viel denken muß ich an meinen Jungen, den Fritz. Mag er noch leben? Wenn ja, wo mag er stecken, und wie mag es ihm gehen? Ich bin seinetwegen sehr unglücklich.

6. Mai. Sonntag ist's in deutschen Landen. Nur nicht bei uns. Der Samstag war bis jetzt der schlimmste Tag meines dreiwöchigen Lagerlebens. Freitagabend kam ein starker Regenguß, die Nacht über aber hielt es. Samstagmorgen mit Tagesgrauen fing es wieder an zu regnen und

Der Seelsorge widmeten die evangelischen und katholischen Lagerpfarrer größte Aufmerksamkeit. So entstand im Kriegsgefangenenlager Bretzenheim bald eine kleine, aber schmucke Lagerkirche, in der die Gottesdienste beider Konfessionen gehalten wurden.

Wesentlich verbessert wurden im Laufe der Zeit, wie alles im Lager, so auch die sanitären Anlagen. So konnten sich die deutschen Kriegsgefangenen oft nach monatelangem Campieren unter freiem Himmel endlich wieder mit fließendem Wasser in richtigen Waschbecken gründlich säubern.

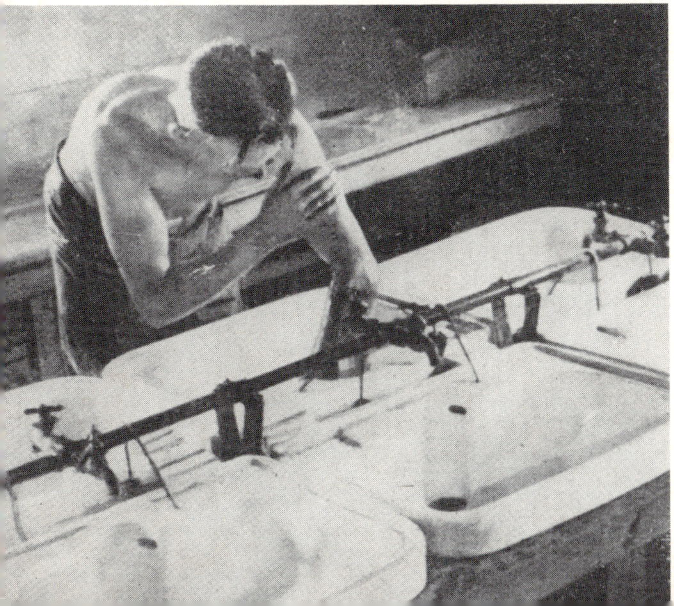

regnete den ganzen Tag, abwechselnd Sprühregen, Nieselregen und Platzregen. Die Folgen waren schrecklich. Das Lager war ein Chaos von Wasser, Schlamm und Menschen. Bäche liefen das Lager herunter, ersäuften die Unterstände und weichten alles auf, drangen in die Zelte ein. Auch unser Zelt wurde unbewohnbar. Nur etwa ein Viertel Quadratmeter war noch trocken. Die Stimmung war schrecklich, nicht nur bei mir. Verpflegung wurde bei strömendem Regen ausgegeben, gekocht und auch gegessen. Ich fühlte den Widerstand in mir erlahmen. Die Nacht lief ich mit Schecher im Lager umher, sie ging besser herum, als ich dachte. Gegen Morgen haben wir uns sogar etwas hingelegt und geschlafen.

Heute ist es ebenso trüb, geregnet hat es aber noch nicht, doch kann es jeden Augenblick losgehen. Am Freitagabend langes Pfeifkonzert der Lokomotiven, darauf großes Geschrei und wildes Schießen. Wieder einmal wurde der Waffenstillstand verkündet, darauf wieder großes Gerede über unsere Entlassung. Als gestern nichts geschah, als daß endloser Regen niederging, flaute die Stimmung sehr ab. Die Latrinenparolen werden seltener. Es werden Arbeitskommandos herausgenommen, aber nur Leute von 19 bis 40 Jahren; darunter darf kein Landwirt und kein Eisenbahner sein.

8. Mai. Gestern und heute gutes Wetter, sogar so warm, daß man sich vor Sonnenbrand schützen muß. Nachts kann man sich hinlegen, ohne zur Eissäule zu erstarren. Man schläft, es geht besser. Um so mehr wühlt der Hunger in unseren Eingeweiden. Jeden Tag gibt es etwas weniger. Manchmal stellt sich dumpfe Ergebenheit ein, manchmal stille Verzweiflung. Alle diese Scheußlichkeiten, Ungeheuerlichkeiten, Leiden, die Dwinger und andere in ihren Büchern geschildert haben, kehren hier wieder. Nur von Kameradschaft merkt man nichts. Hier und da tun sich zwei, drei, vier Leute zusammen. Im übrigen sind alle wie reißende Wölfe. Keiner gönnt dem

anderen etwas, jeder glaubt, der andere bekäme mehr. Man sieht Männer, die die jungen Triebe des Weinstocks sammeln oder den Raps vom Acker und sie verzehren, teils roh, teils gekocht. Kartoffeln werden roh gegessen, weil schon wieder kein Brennmaterial da ist. Was beim Teilen auf den Boden fällt, wird aus dem Schlamm aufgehoben und nach oberflächlicher Reinigung gegessen.

Neulich erhielten wir pro Mann zweieinhalb Backpflaumen. Einige waren so leichtsinnig, dieselben zu essen und die Kerne in den Schlamm zu spucken. Andere suchten die Kerne aus dem Schlamm zusammen, krachten die harte Schale und aßen den inneren Kern. Zigaretten sind vollständig ausgegangen, da keine geliefert werden. Mir macht das nichts aus; aber meinem Freund Sepp tut das arg an. Er ist jetzt auf einen grandiosen Einfall gekommen. Von den Rebstöcken stecken noch in ziemlicher Tiefe die Wurzeln in der Erde. Diese erweitern sich zu einer Knolle, und von ihr geht eine Pfahlwurzel tief in die Erde hinab. Herausreißen läßt sich eine solche Knolle nicht, sie muß vielmehr, da die Wurzel ungeheuer zäh ist, abgedreht werden. Das erfordert eine Viertelstunde mühevoller Arbeit. Sepp scheut diese nicht, holt auf die beschriebene Art die Wurzelknollen aus der Erde, zieht die dünne Schale stückweise ab und legt sie auf den Grabenrand zum Trocknen. Die holzige Knolle teilt er in kleine Stückchen und trocknet auch diese. So schlägt er zwei Fliegen mit einer Klappe. Die Schale wird geraucht, das Holz zum Feuern benutzt.

Im übrigen herrscht ein wilder Tauschhandel mit den Männern, die zum Arbeitseinsatz gehen. Da ich nichts habe, kann ich an diesem Handel nicht teilnehmen. Seit gestern habe ich mit meinen Füßen Schwierigkeiten, von dem vorderen Fußballen bis zu den Zehen sind die Füße taub, wie abgestorben. Kommt wohl daher, weil die Schuhe wochenlang nicht von den Füßen gekommen und diese nachts fast erfroren sind. Viele Kameraden haben ähnliche Erscheinungen. Ich habe gestern und heute die Füße bloß gehalten und sie mit einer Bürste massiert. Das Gefühl ist teilweise wiedergekehrt, besonders am linken Fuß. Von Entlassung spricht niemand mehr. Flucht aus dem Lager erscheint ausgeschlossen; ich habe mir darauf alles angesehen. Durch den Stacheldraht getraue ich mich durchzuarbeiten; aber alle zwanzig bis dreißig Meter stehen Posten, die nachts mit großen Taschenlampen ausgerüstet sind, deren Lichtschein sehr weit reicht. Da sie mit Maschinenpistolen ausgerüstet sind, wäre Fluchtversuch ein Spiel mit dem Leben.

Wie oft wandern meine Augen nach Westen, wo ich in viertelstündiger Entfernung das Haus meines Freundes weiß. Wie oft auch wandern meine Augen über den Kauzenberg in den Soonwald hinüber und von da zu meinen Lieben! Alles vergebens!

9. Mai. Heute ist es warm, fast schwül, dabei ist aber der Himmel bedeckt. Meine Füße sind schlimmer geworden, sie sind geschwollen und brennen wie das höllische Feuer. Die Nacht hatte ich nur die Strümpfe an und die Füße im Freien liegen, sie wurden nicht kalt, obwohl die Nacht recht kühl war. Heute will ich, wenn möglich, auch die Strümpfe auslassen, um dieses Brennen loszuwerden. Allen Entlassungshoffnungen ist vorläufig ein Dämpfer aufgesetzt worden. Die Alten sollten zwar entlassen werden, doch sollen sie abwarten. Wie mag es zu Hause aussehen? Auch sie werden schwer unter der Besatzung zu leiden haben. Ob die Schule noch steht? Wie mag sich das Leben für sie gestalten? Die Lebensmittelnot wird bei uns noch erträglich sein. Aber sonst? Könnte ich nur einen Blick in die Familie tun, sehen, ob die Kinder noch leben! Und wo mag Fritz stecken? Ob er noch lebt?

10. Mai. Heute war es sehr heiß und sonnig. Die Nacht über hatte ich die Füße in Strümpfen, aber sonst frei liegen. Lange dauert es, bis das Feuer auch nur etwas nachläßt. Erst gegen Morgen wurden sie ruhiger. Ich konnte

dann aufstehen und verhältnismäßig gut gehen, auch wenn unter Schmerzen. So blieb es, bis die Hitze einsetzte, dann begann das Feuer von neuem, vielleicht nicht ganz so stark wie gestern. Trotzdem will ich gleich mit Sepp etwas laufen. Viele Kameraden klagen über die gleichen Erscheinungen. Verpflegung ist nach wie vor so gering, daß man den ganzen Tag den scheußlichsten Hunger hat. Heute gab es sogar keine Kartoffeln. Täglich sterben Leute. Die grelle Sonnenhitze konnte ich nie gut vertragen. Hoffentlich erleben wir die Hitze des Julis nicht mehr. Neues hört man nicht mehr, von Krieg und Politik nichts. Mein Bleistift ist mir abgebrochen, ich weiß nicht, ob ich noch weiterschreiben kann.

Nächte kühl, Tage sehr warm. Verpflegung wird immer schlechter. Gestern einen Löffel voll Fleisch und drei Keks. Wenn die Kartoffeln nicht wären, die übrigens gestern auch ausblieben, wäre es gar nicht auszuhalten! Gestern war mir vor Hunger sehr schlecht, heute geht es etwas besser, wenigstens bis jetzt. Man liegt fast den ganzen Tag. Jede Bewegung kostet Energie. Man ist gereizt, gegen alles andere stumpf. Die Frage nach Entlassung wird kaum noch besprochen, man redet nur vom Essen. Nachts im Schlaf macht man Bewegungen nach einem Stück Brot, das im Traum vor uns erscheint. Am 8. Mai soll endlich der Waffenstillstand unterzeichnet worden sein. Dönitz soll ihn herbeigeführt haben. Sonst erfährt man nichts. Die Amis haben gestern einen Lautsprecher im Lager aufgestellt, der ist aber, wenn es nicht ganz ruhig ist, für uns unverständlich. Hinzugehen, um die Sendungen anzuhören, dazu fehlt die Energie!

14. 5. Neue Katastrophe! Wir haben kein Brennmaterial mehr. Die gelieferten Kartoffeln können wir infolgedessen nur schlecht oder garnicht verwerten. Glücklicherweise gibt es seit gestern einmal am Tage warmes Essen. Gestern gab es eine Milchsuppe mit Nudeln, einen halben Liter, also viel zu wenig, aber gut zubereitet. Sie hat

meine Lebensgeister wieder etwas aufgefrischt. Heute soll es Milchsuppe mit Haferflocken geben. Ich muß den ganzen Tag an Milchsuppe denken, und nicht nur am Tage, sondern auch in der Nacht. Denn nachts schlafe ich wenig, infolge des schlechten Wetters. Seit einigen Tagen gehen Sepp und ich in die Andacht eines evangelischen Pfarrers. Der Mann spricht mit großer Kraft und innerer Überzeugung. Er hält außerdem morgens eine Choralsingstunde ab, zu der ich auch hingehen will. Er will auch versuchen, einen Kirchenchor zu gründen und sucht dafür einen Dirigenten. Vielleicht etwas für mich, vorausgesetzt, daß er ein Singbuch beschaffen kann. Man hat dann wenigstens etwas zu tun.

Das Wetter ist nach wie vor sonnig und warm, die Sonne brennt, und mittags ist es kaum zum Aushalten. Heute ist es besser, mehr wolkig, die Sonne kommt nur zeitweise hervor, auch etwas windig, infolgedessen kühler. Die Stimmung, die zuerst in der Hoffnung auf eine baldige Entlassung ziemlich hoch ging, ist in ihr Gegenteil umgeschlagen. Man spricht jetzt wenigstens von einem Jahr. Andere berufen sich auf einen Befehl Eisenhowers, wonach nach erfolgtem Waffenstillstand sofort alle Soldaten zu entlassen seien. Da der Waffenstillstand erst am 8. Mai abgeschlossen wurde, können wir uns noch nicht beklagen.

15. 5. Gestern gab es wirklich Milchsuppe mit Haferflocken, war auch gut, aber nicht so gut wie am ersten Tag. Heute soll es Erbsensuppe geben. Wir sind die allerletzten, die an die Reihe kommen, und es ist schon 21 Uhr, und wir haben für heute noch nichts. Vielleicht wird es Mitternacht. Es ist und bleibt ein grausames Hungerleben. Tagsüber sehr heiß, so daß ich mir gestern einen Sonnenbrand geholt habe, der glücklicherweise heute über Tag noch einmal nachgelassen hat. Nachts herrscht eine Kälte, daß man nicht schlafen kann und stundenlang umherlaufen muß. Heute wird das Offizierslager ge-

räumt, die Männer sollen nach Reims kommen. Morgen sollen vom Lager VII 7 500 Mann abtransportiert werden. Man hofft, daß das die Einleitung zu unserer Entlassung ist. Eine kühne Hoffnung! Aber anders bleibt einem ja nichts übrig, als von Tag zu Tag zu hoffen! Wenn wir wenigstens in ein ordentliches Lager kämen, hätten ein Dach überm Kopf und satt zu essen, dann wollten wir gern noch ein paar Monate bleiben!

Die Gedanken kreisen fast nur noch um das Essen, so grausam ist der Hunger. Ich stelle mir genau vor, was ich mir will machen lassen, wenn ich nach Hause komme, um den Körper wieder an ein ordentliches Essen zu gewöhnen. Nachts schrecke ich immer wieder aus einer Bewegung auf, die gemacht wird, um ein Stück Brot zu erreichen. Wie mag es zu Hause aussehen? Ich setze so selbstverständlich voraus, daß meine Lieben noch leben, daß das Haus noch steht und sonst noch alles erhalten ist. Bei näherem Nachdenken erschrecke ich fast und finde, daß das durchaus nicht so selbstverständlich ist. Wie schrecklich wäre es, wenn ich sie nicht mehr alle vorfinden würde, meine Frau und meine Kinder, wenn das Haus ganz oder auch nur teilweise zerstört wäre, wenn sie übermäßig dürftig leben müßten!

16. 5. Ein heißer Tag, keine Wolke am Himmel! Es ist tagsüber fast unerträglich, in der Sonne zu liegen und immer denselben Gedanken nachzuhängen, die sich fast nur um das Essen und die Lieben daheim drehen. Heute sind 7 500 Mann aus anderen Teillagern abtransportiert worden. Wir sind jetzt in Kompanien zu je 250 Mann eingeteilt. Da wir in unserem Lager 40 Kompanien haben, so sind das 10 000 Mann. Da das ganze Lager, einschließlich des Entlassungslagers, 14 Teillager hat, kann man annehmen, daß im ganzen Lager etwa 140 000 Mann liegen. Drüben über der Nahe, zwischen Bretzenheim und Winzenheim, ist nochmals ein solches Lager, in dem es auch wimmelt und krimmelt. Erst hieß es, dort seien politische

Gefangene, aber man erkennt deutlich, daß die Männer dort auch Uniformen tragen, es leuchtet bläulich, so daß man fast glauben möchte, es seien Männer der Luftwaffe.

Wann mag für uns endlich die Erlösungsstunde schlagen? Wir wären schon zufrieden, wenn wir in ein anderes Lager kämen, wo wir geordnete Verhältnisse hätten. Aber es zeichnet sich noch nichts ab. Festzustehen scheint lediglich, daß Bauern und Eisenbahner als erste entlassen werden. Dann wird gemunkelt, daß wir von hier nach Frankfurt gebracht würden, um von dort entlassen zu werden. Unverständlich! Es bleibt einem nichts anderes übrig, als sich in sein Schicksal zu fügen. Gestern abend, um 23 Uhr, bekamen wir endlich die ersehnte Erbsensuppe. Aber o weh, es waren keine Erbsen drin, nichts als Wasser und einige gelbe Möhren und ein paar Kartoffelstücke. Ich hätte heulen mögen. Heute morgen um 11 Uhr gab es wieder eine Milchsuppe mit Nudeln und Haferflocken. Sie war gut, aber obwohl es drei Kellen gab, immer noch viel zu wenig.

Eben hat Sepp unsere Kartoffeln gerieben und gekocht, und mit dem bißchen Fleisch, das wir heute bekamen, haben wir den ekelhaften Brei gegessen. Es gibt wenigstens für eine Stunde das Gefühl der Sättigung. Im übrigen hat sich so ziemlich alles in sein Schicksal ergeben. Wir können von Glück sagen, daß das Wetter so gut ist. Trotz der Hitze, die mir arg zusetzt, läßt sich das besser ertragen, als das kalte, regnerische Wetter, wie wir es zu Anfang des Monats hatten. Die Verträglichkeit der Männer ist etwas besser geworden als sie zu Anfang war. Immer aber noch hört man wildes, zorniges Reden, und von Kameradschaft über den nächsten hinaus ist keine Spur vorhanden. Morgen soll es Kartoffelsuppe geben. Es wird sogar von Brot gemunkelt.

17. 5. Heute wieder heiß und fast ohne Wolken. Doch habe ich es heute verhältnismäßig gut ertragen. Heute

morgen, um 11 Uhr, erhielten wir eine Suppe mit Kartoffeln und Gemüse, drei Kellen, aber viel zu dünn und infolgedessen nicht sättigend. Heute mittag erhielten wir einen kleinen Eßlöffel Fleisch, Tomaten, Zucker, Kaffee und Brausepulver. Wir haben alles gleich gegessen, da wir kein Feuerungsmaterial haben. Die Kartoffeln sind bis auf zwei, die wir anderweitig geröstet haben, liegengeblieben. Ich habe versucht, sie roh zu essen, brachte es aber nicht fertig. Ab morgen soll es täglich zweimal warmes Essen geben. Wie sie das schaffen wollen, ist mir unklar; trotzdem ist es für uns nach Lage der Dinge, nämlich bei dem Fehlen von Feuerungsmaterial, ein Schritt vorwärts.

Geliefert wird nur noch Kaffee und Zucker. Den gemahlenen Kaffee mischen wir mit Zucker und essen das Gemisch. Schmeckt leidlich. Meine Füße befinden sich immer noch im alten Zustand, vielleicht ist eine kleine Besserung eingetreten. Beim Gehen behindert mich das kaum. Eine beinahe amtliche Bekanntmachung besagt, daß erst alle Waffen abgeliefert werden müßten, ehe die Entlassung der Kriegsgefangenen beginnen könnte. Dem widerspricht allerdings, daß in anderen Lagern schon viele entlassen sind und daß die 3. amerikanische Armee die Entlassung freigegeben hätte, was ebenfalls halbamtlich bekanntgegeben wurde. Wir müssen noch viel Geduld aufbringen und viel Hunger leiden.

18. 5. Heute sehr heiß und tagsüber wolkenlos. Gegen Abend zieht ein Gewitter mit Blitz und Donner herauf; es ist aber noch nicht zum Ausbruch gekommen. Ich weiß auch nicht, ob es zum Ausbruch kommen wird. Es könnte eine Änderung des Wetters herbeiführen. Heute gab es zum erstenmal zweimal warmes Essen, früh um sechs Uhr Milchsuppe mit Hafergrütze, abends um 21 Uhr eine Gemüsesuppe. Beide Male war das Essen gut, doch ein halber Liter ist viel zu wenig. Ich hatte heute Glück, ich mußte das Essen aus der Küche in das Lager

Auch dieses Weihwasserbecken entstand im Lager Bretzenheim. Viele der in jenen Jahren unter schier unglaublichen Umständen angefertigten Kunstgegenstände sind heute in alle Winde zerstreut.

Mit besonderer Hingabe widmeten sich die Gefangenen im Lager Bretzenheim natürlich dem später erlaubten Tabak-Anbau. Insgesamt wurden 250 000 Pflanzen gesetzt und wanderten nach ihrer Reife in die Pfeife oder Zigaretten-Röllchen der Gefangenen.

schleppen, jedesmal einen Kanister mit 50 Liter Inhalt. Eine wüste Schinderei. Doch bekamen wir die Überreste, fast das Doppelte, was die anderen bekamen. Zum Schluß wurde der Kanister mit den Fingern ausgeleckt. O homo sapiens! Heute sind aus unserem Lager 9 300 Mann herausgezogen worden, deswegen soll morgen das Essen entsprechend mehr sein. Ich bin gespannt. Hunger ist furchtbar, und ich lerne manche Verbrechen verstehen, die aus Hunger begangen werden.

Übermorgen ist nun Pfingsten. Wie gern hätte ich diesen Tag zu Hause verbracht! Es heißt eben, sich in Geduld zu fassen, und sei es noch so schwer. Unsere Kartoffeln können wir nicht mehr verwerten und auch keinen Kaffee mehr kochen. Sepp hat nichts mehr zu rauchen; er raucht Kaffeesatz und die Rinde der Weinrebenwurzel. Doch bleibt er still zufrieden und muntert mich manchmal auf. Ich habe ihm vieles zu verdanken und werde diesen Dank nicht vergessen. Was machen die Meinen?

19. 5. Heute morgen, nach dem gestrigen Gewitter, das aber nicht zum Ausbruch kam und mit Wetterleuchten endete, zunächst bedeckter Himmel, erst später klarte es auf. Es wurde heiß wie gestern. Dann wiederholte sich das gestrige Schauspiel, Gewitter, fernes Donnergrollen, etwas Regen. Jetzt ist es trüb, aber warm. Um acht Uhr heute morgen Milchsuppe mit Reis, aber ziemlich dünn, wie versprochen einen Liter. Dann dauerte es bis heute abend 20 Uhr. Kräftige, gute Erbsensuppe, wieder einen Liter. Ich bin satt, hätte allerdings noch mehr essen können. Heute sind Finanzbeamte, Eisenbahner und Bauern namentlich erfaßt worden. Hoffentlich geht es nun bald vorwärts. Heute ist Pfingstsamstag. Ich bin heute den ganzen Tag in Gedanken zu Hause und bei den Vorbereitungen für das Pfingstfest. Wie gern wäre ich morgen zu Hause, um das Fest mit meinen Lieben zu feiern! Hoffentlich bin ich bald bei ihnen, hoffentlich treffe ich sie alle gesund an!

20. 5. Pfingsten! Das Wetter ähnlich wie gestern. Sonnenbestrahlung nach Gewitter, das nicht zum Ausbruch kam. Jetzt trübe. So lassen sich die Tage besser ertragen. Verpflegung heute fast gut. Heute morgen um acht Uhr Milchsuppe mit Nudeln, etwas dünn. Um 19 Uhr wiederum Gemüsesuppe mit Erbsen, Möhren, Kartoffeln und etwas Fleisch. Ziemlich wohlschmeckend bis auf die ungeschälten Kartoffeln. Ich bin einigermaßen satt. Der Abend ist ziemlich warm, hoffentlich wird die Nacht nicht allzu kühl! Jede Nacht gegen Morgen muß ich aufstehen, um die vor Kälte steifen Beine in Bewegung zu bringen. Ich schlafe wenig nachts, die Glieder tun mir weh von der Härte des Lagers. Ich schlafe dann leicht vormittags.

Heute sind noch einmal die Bauern und Eisenbahner herausgezogen und zahlenmäßig erfaßt worden, aber nur aus dem Rheinland, Südwestfalen, Pfalz und Frankfurt. Also offenbar doch Transportschwierigkeiten. Heute abend einige Nachrichten durch Lautsprecher bekanntgegeben. Viele der Kameraden sind dumm genug, diese Nachrichten zu glauben und merken ihre Tendenz nicht. Auch den heutigen Tag habe ich im Geiste mit den Meinen verlebt, angefangen vom Morgenkaffee, Mittagessen, Kirche, Nachmittagskaffee, Spaziergang und Abend. Hoffentlich spielt sich der Tag auch ohne mich so ähnlich ab.

22. 5. Der zweite Pfingsttag war eine Katastrophe erster Ordnung. Am ersten Pfingsttag, abends gegen 24 Uhr, kam das Gewitter endlich zum Ausbruch. Es donnerte und blitzte ohne Unterlaß, Regenströme ergossen sich über die Erde und verwandelten in kurzer Zeit alles in einen unergründlichen Morast. Naß und vor Kälte zitternd stand ich in der Dunkelheit und erwartete den Tag. Das Sanitätszelt, das etwas unterhalb von unserem Lager errichtet worden war, ließ niemand ein. Ich stellte mich mit dem Rücken gegen den Regen. Bald tropfte das Wasser

vom Mantel ab gegen die Beine und lief in die Schuhe hinein, so daß ich bald durchnäßt war. Den Tag verbrachten wir in ständigem Umherlaufen. Hinsetzen oder gar Hinlegen war unmöglich.

Gestern morgen gab es eine dünne Milchsuppe, gestern abend eine ebenso dünne Erbsensuppe. Die Stimmung war verzweifelt. Die Nacht bin ich mit Sepp umhergelaufen, zwischendurch habe ich eine Stunde in unserer Grube gesessen, auf dem Kochgeschirr. Es war kalt. Heute, den ganzen Tag über, war es zwar auch kalt, geregnet hat es aber nur wenig. Wir haben unsern Graben vertieft, und jetzt ist er soweit wohnlich und trocken. Hoffentlich gibt es in dieser Nacht keinen Regen mehr, sonst können wir wieder nicht liegen. Der heutige Tag aber hat uns eine große Erwartung und Freude gebracht. Es mußte festgestellt werden, wer 50 Jahre alt und darüber und im westlichen Deutschland beheimatet ist und wer leidend war. Das wurde zahlenmäßig festgestellt und scheint, auch nach der Predigt des Pfarrers, mit der Entlassung zusammenzuhängen.

Eben kommt nun der Befehl, morgen um fünf Uhr müsse das ganze Lager antreten zu einer Sonderaktion. Es wird behauptet, es sei Typhus im Lager ausgebrochen. Eine weitere große Freude wurde uns heute beschert. Während unserer nächtlichen Wanderung wurde Sepp von einem Fremden ein Stück Brot in den Mund gesteckt, wovon er mir die Hälfte gab. Es schmeckte wunderbar. Wir schlossen daraus, daß es heute Brot geben würde. Und wirklich, jeder erhielt heute ein Stück Brot, blütenweißes Brot von wunderbarem Geschmack.

Selten ist ein Stück Brot mit mehr Andacht und Dankbarkeit verzehrt worden wie dieses. Allerdings mußten sich 16 Mann ein Brot teilen! Morgen soll es täglich nur noch einmal warmes Essen, stattdessen soll es warmen Kaffee geben. Wenn wir wieder ein schönes Stück Brot bekommen, wollen wir es gern ertragen; vor allem im Hinblick auf eine baldige Entlassung.

24. 5. Zwei häßliche Tage liegen hinter uns. Gestern war es kalt und regnerisch, erst nachmittags etwas aufklarend, heute war es noch kälter und trüber, aber ohne Regen. Aber die Tage waren ausgezeichnet durch einige wichtige Ereignisse. Gestern wurden die über 50 Jahre alten Männer nach Kreisen geordnet. Heute waren wir zur Durchschleusung vor der Kommission. Bei mir hat es anscheinend keine Beanstandung gegeben, obwohl ich der Wahrheit gemäß meine Zugehörigkeit zur Partei bekannte. Wann nun die Entlassung vor sich geht, kann man nicht wissen, hoffentlich dauert es nicht gar zu lange! Es ist einfach unerträglich.

Die Verpflegung, die vorübergehend etwas besser geworden war, läßt wieder von Tag zu Tag nach. Gestern gab es nur einmal warmes Essen, heute zweimal, aber sehr dünn. Auch erhielten wir heute wieder etwas Brot, sogar mehr als vorgestern. Man hat ewig Hunger und lauert nur immer auf die nächste Mahlzeit. Die Kälte seit dem zweiten Pfingsttag plagt uns ungeheuer, nachts können wir nicht liegen, müssen alle Stunden auf und laufen. Auch am Tage kann man sich nicht legen. Heute haben wir den ganzen Tag gefroren, mir graut vor der Nacht.

26. 5. Gestern war das Wetter etwas besser, der Himmel war zwar bedeckt, aber es war etwas wärmer, so daß man wenigstens tagsüber sich hinlegen konnte. Die Nacht dagegen war wieder so kalt, so daß wir immer nur eine Stunde liegen konnten und dann wieder umherlaufen mußten; wir waren mehr in Bewegung als in Ruhe. Die Verpflegung hat wieder einen unerträglichen Tiefstand erreicht. Morgens gibt es eine weiße Wassersuppe, in der aber auch gar nichts mehr drin ist, abends eine Gemüsesuppe, die etwas besser ist. Ein Glück ist es, daß wir jetzt täglich etwas Brot bekommen, sieben Mann ein Brot. Das Brot ist vorzüglich, blütenweiß und fast wie Kuchen. Es ist bei dem übrigen Essen nur zu wenig. Aber es wird genossen wie ein Heiligtum, Bissen für Bissen wird lang-

sam gekaut und verzehrt. Wenn ein Krümelchen auf den Boden fällt, wird es sorgfältig aus dem Staub aufgelesen.

Gestern hat Sepp mit kühnem Griff einen Karton gestohlen, so daß wir gestern abend Kaffee kochen konnten und auch für den nächsten Tag noch etwas hatten. Wir wollten ein Stückchen Brot zum Kaffee essen, aber ich habe es vorgezogen, erst einen Kochgeschirrdeckel voll Kaffee zu trinken. Auf diese Art kommt jedes der beiden Teile, insbesondere aber das Brot, besser zu seinem Recht, man kann jedes besser auskosten. Von der Entlassung hört man fast nichts mehr. Heute morgen sind aus unserem Lager nochmals 750 Mann herausgezogen worden, Freiwillige, anscheinend zum Arbeitsdienst. Sonst hört man nicht einmal etwas Bestimmtes über die Art des Abtransportes, ob es mit der Eisenbahn geht, mit dem Auto oder etwa zu Fuß.

Heute scheint es noch etwas wärmer werden zu wollen, als es gestern war. Erfreulich. Eben hat es wieder Brot gegeben. Das Brot wird auf folgende Art verteilt: Ein Mann schneidet das Brot in sieben gleiche Stücke. Jeder der sieben Berechtigten bekommt eine Nummer. Ein Mann dreht sich herum, und dann heißt es: Wer soll dieses Stück bekommen? Antwort: Nummer 3 usw. ...

27. 5. Wieder ist ein Sonntag ergebnislos zu Ende gegangen. Kalt und trübe, erst nach Mittag wurde es etwas wärmer. Den größten Teil der Nacht sind wir wieder gelaufen. Heute morgen, um fünf Uhr, eine dünne Wassersuppe, um 14 Uhr dagegen eine wunderbare dicke Gemüsesuppe, wohl die beste, die wir bisher bekommen haben, mit weißen Bohnen, Möhren und Kartoffeln. Aber es scheint, mein Hunger ist gar nicht mehr zu stillen. Als es bald danach Brot gab, war ich nicht stark genug, etwas davon aufzuheben, sondern habe gleich alles verschlungen. Ebensowenig konnte ich von dem Käse, den es später noch gab, etwas für den Abend aufheben. Seitdem wir Pappe haben, kocht Sepp nämlich

jeden Tag zweimal Kaffee. Wenn morgens mit steif gefrorenen Gliedern aufsteht, sich aber kaum auf den Beinen halten kann, dann tut so ein Schluck heißer Kaffee geradezu Wunder.

Mit der Entlassung will und will es nicht vorangehen. Heute sind Sudetendeutsche herausgezogen worden, aber das sind alles kleine Haufen. Größere Mengen sind wohl kaum entlassen worden. Meine Stimmung ist wieder einmal auf dem Nullpunkt angelangt, mein körperlicher Zustand ist sehr schlecht; ich habe den Eindruck, als ob alle Organe in Rückbildung begriffen wären. Wir wird die Entlassung vor sich gehen? Kann ich zu Fuß nach Hause gehen, wie ich gern möchte? Werde ich in Simmern oder in Kirn landen? Es ist mir jetzt gleichgültig, obwohl ich es mir immer so schön vorgestellt hatte, durch den Soonwald nach Hause zu wandern. Fest steht nur eins: Es sollen mich möglichst wenig Menschen sehen; am liebsten möchte ich nachts nach Hause kommen, damit mich niemand sieht. Ich brauche mich meines Aussehens zwar nicht zu schämen, aber ich will auch nicht bemitleidet werden.

Damit sind meine im Lager gemachten Aufzeichnungen zu Ende, und ich muß das Ende aus dem Gedächtnis niederschreiben, was mir allerdings nicht schwerfällt, da sich die Ereignisse sehr lebhaft meinem Gedächtnis eingeprägt haben. Anfang Juni begannen tatsächlich die so sehnlich erwarteten Entlassungen. Zunächst schien es, als ob tatsächlich vorerst Bauern und Eisenbahner entlassen würden, auch von Finanzbeamten wurde gesprochen. Die zu entlassenden Kameraden wurden durch Lautsprecher bekanntgegeben und mußten dann in das sogenannte Entlassungslager übersiedeln. Man mußte deshalb an dem schlecht verständlichen Lautsprecher aufpassen wie ein Luchs, damit man seinen Namen nicht verpaßte.

Ich besinne mich genau, wie ich am Samstag, 2. Juni, nachmittags, am Lautsprecher saß; es wurden Namen und Namen verlesen; von Zeit zu Zeit sprang einer mit einem Jubelschrei auf, wenn er seinen Namen gehört hatte. Endlos war die Reihe der verlesenen Namen, nur der meinige war nicht dabei. Niedergedrückt schlich ich nachher zu meinem Lager zurück. Am nächsten Morgen heller, strahlender Sonnenschein. Ich saß wieder vor dem Lautsprecher und endlos tönte die Reihe der Namen, nach Kreisen geordnet, vom Lautsprecher herunter. Pause. Dann ertönte die Stimme: Es folgen jetzt noch die Namen einiger Eisenbahner aus dem Kreis Koblenz. Schon hatte ich mich erhoben, um meinem Lager zuzuwanken, als ich als einen der ersten einen Namen hörte, der dem meinen jedenfalls sehr ähnlich klang. Aber: Eisenbahner aus dem Kreis Koblenz? Ich schalt mich selbst, daß meine erregte Phantasie mir einen üblen Streich gespielt habe.

Traurig schlich ich mich zu meinem Loch zurück und besprach mich mit Sepp. Schließlich lieh ich mir von Sepp sein Rasierzeug mit einer uralten Klinge, um mich in einigermaßen menschlichen Zustand zu versetzen und dachte bei mir:

Mehr wie zurückweisen können sie dich nicht. Nach kurzer Verabschiedung von Sepp machte ich mich auf den Weg nach der Entlassungsstelle, wo ich gerade noch zurecht kam. Ich war noch keine halbe Minute dort, als mein Name aufgerufen wurde, worauf ich mein Geburtsdatum nennen mußte zur Kontrolle. Dann ging es in das Entlassungszelt, wo noch allerhand Manipulationen mit uns vorgenommen wurden, ärztliche Untersuchung, Fingerabdruck, Ausstellung des Entlassungsscheins. Auch erhielten wir einige Bekleidungsstücke, ich eine kurze Hose und ein Paar Strümpfe. Sodann ging es in das sogenannte Entlassungslager, wo uns der deutsche Lagerführer mit einer kleinen Ansprache begrüßte. Er sagte, daß der Abtransport am nächsten Morgen um drei Uhr stattfinden würde. Bis dahin würden wir noch zweimal verpflegt werden.

Beglückt bezogen wir ein verlassenes Loch, und obwohl der Hunger in meinen Eingeweiden wühlte, verbrachte ich den Nachmittag in einem unglaublichen Glücksgefühl, in der Gewißheit, am nächsten Tage bei meinen Lieben zu sein. Mit der Verpflegung blieb es schlecht, erst nachts, zwischen ein und zwei Uhr, bei völliger Dunkelheit, gab es ein paar Brocken Brot und Käse, die jeder sofort verschlang. Einschlafen konnte ich nicht, und als um drei Uhr ein Trompetensignal zum Wecken und Sammeln blies, stand ich längst marschbereit da. Beim Schein einer Taschenlampe verlas der Lagerführer die Namen und die Aufgerufenen stellten sich in Dreierreihe auf. Er las und las, und immer noch war mein Name nicht dabei. Endlich blieben zehn Mann stehen, die nicht verlesen worden waren. Auf unsere Reklamation sagte er: „Um sieben Uhr geht nochmals ein Transport und um neun Uhr noch einer.“ Wir waren zwar etwas betreten, glaubten aber seiner Zusicherung.

Tatsächlich ging um sieben Uhr ein zweiter Transport, aber der ging in südliche Richtung, nach der Pfalz, Zweibrücken und Saarbrücken. Natürlich waren unsere Namen wieder nicht dabei. Um neun Uhr ging kein Transport mehr. Es war klar, wir waren vergessen worden. Wahrscheinlich hatte der Lagerleiter beim Umblättern zwei Blätter gegriffen. Große Bestürzung. Niedergeschlagen kehrten wir an unsere Plätze zurück. Es waren alles Leute aus der Gegend von Koblenz. Die Schinderei und das Hungern begannen von neuem und waren nur noch drückender. In den nächsten Tagen stellten wir uns jedesmal mit an, aber vergebens.

Am Mittwoch waren mehrere Leute aus dem Kreis Simmern dabei. Es gelang mir, mich dazu zu schmuggeln und marschierte mit schlechtem Gewissen, aber mit einer stillen Hoffnung im Herzen mit zu der Transportstelle. Aber o Schreck, hier wurden die Namen nochmals verlesen, diesmal durch einen amerikanischen Offizier.

Mußten die deutschen Kriegsgefangenen in den ersten Wochen nach Einrichtung des Lagers Bretzenheim allen Unbilden des Wetters ausgesetzt auf freiem Feld campieren, wurden später im Vergleich zu den Anfangs-Verhältnissen regelrecht »komfortable« Hütten gebaut.

Ein Modell des Lagers Bretzenheim, nachdem es von den Franzosen übernommen worden war. Sehr deutlich erkennt man die riesige Ausdehnung des Lager-Areals, auf dem sich die verschiedenen Camps formierten.

Schließlich blieben wieder zwei Männer stehen, darunter ich. Wir zeigten dem Offizier unsere Entlassungsscheine vor, die in Ordnung waren. „Ich werde nachprüfen“, war der einzige Bescheid. Zurück ins Entlassungslager. Nur eins hatte ich dabei profitiert: Vor dem Verlesen der Namen hatte jeder schon Marschverpflegung bekommen, eine schwere und eine leichte Dose.

10. Juni. An diesem Tage wurde ich mit neun anderen Männern auch zur Entlassung aufgerufen. Wieder ging es hinab zur Entlassungsstelle. Marschverpflegung gab's nicht, aber wir waren auch so zufrieden. Dann ging's auf die Autos, und da fand ich gleich ein Haar in der Suppe: Die Männer wurden nicht irgendwie geordnet. Ich sagte zu meinem Nebenmann: „Wir kommen auch heute nicht nach Hause.“ Er verstand mich nicht, bis ich ihn aufklärte. Es ging zum Kasernentor hinaus, über die Brücke am Bahnhof zur Wilhelmstraße. Kreuznach sah furchtbar aus. Dann ging es in Richtung Bingerbrück, über die Drususbrücke und dann rechts über Budenheim hinaus und bald landeten wir wieder hinter Stacheldraht. Man wurde gleichgültig. In hohem Gras sank ich wie vernichtet nieder.

Am andern Morgen in aller Frühe: Auf geht's. Schnell war ich auf dem Auto. Endloses Warten. Es regnete in Strömen. Endlich fuhr unser Wagen wieder zum Tor hinaus nach Bingen, wieder über die Drususbrücke, dann aber nach Bingerbrück und den Rhein abwärts. Gesang wollte aufkommen. Doch was sollte man singen? Soldatenlieder, das ging nicht gut. Und so verstummte der Gesang bald wieder. Zu meiner großen Freude sah ich, daß die Rheinstädtchen wenig oder gar nicht beschädigt waren; Bacharach, Oberwesel, St. Goar, Boppard. Schließlich landeten wir in Koblenz am Jesuitenplatz. Mißtrauisch wie ich war, glaubte ich immer noch nicht daran, daß es jetzt zu Ende sei.

Wir wurden in den Hof des Stadthauses geführt. Dort empfing uns ein älterer wohlwollender Mann, der uns begrüßte und einige Ratschläge für unser weiteres Verhalten gab. Wir waren entlassen ...

*

Doch blenden wir noch einmal zurück auf das Jahr 1945, jene Zeit also, da die Franzosen als Wachablösung gekommen waren, da aus ,,Wallensteins Lager'', dem Heer der Tausende unter freiem Himmel, eine feste Zelt- und Hüttenstadt geworden war, da die Verpflegung merklich besser wurde und die Zahl der Toten sprunghaft zurückging. Es war die Zeit des großen Aufatmens, die Zeit aber auch, da nach Abklingen des schlimmsten Hungers, der tückischsten Krankheiten und der bohrenden Ungewißheit ein Rumoren durch das Lager geht, da erste erfolgreiche Fluchtversuche gemacht werden und sich hier und dort der Trotz regt, ,,es denen schon zu zeigen''.

Da ist die vielfach verbürgte Geschichte von dem Gefangenenchor, die ob ihrer Sentimentalität und ihrer Spontanität aus einem billigen und sensationsheischenden Groschenheft stammen könnte und doch wahr ist — so wahr wie der Hungerchor unter dem Galgenberg und der Tod ungezählter Männer, deren Namen noch heute im Dunkeln liegen und auf deren Grabstein steht ,,Unbekannter Soldat''.

Es ist an einem jener hellen und warmen Sommerabende, da man in Friedenszeiten unter Lampions sitzt und kühles Bier trinkt, auf dem Balkon den heraufziehenden Sternen zuschaut oder auf einsamem Spaziergang den Duft heranreifenden Korns in die Lungen pumpt. Auch im Kriegsgefangenen-Lager Bretzenheim steckt den Soldaten der Sommer in den Knochen. Gewiß ist alles anders und besser geworden. Gewiß haben sie ein Dach über dem Kopf, einigermaßen gut zu essen und ein trockenes Lager zum Schlafen. Aber sie wollen nach Hause!

Da steht plötzlich einer auf, bringt mit einer Handbewegung das Durcheinanderschwirren der Worte zum

Schweigen und singt mit kräftigem Baß-Bariton die erste Strophe des „Gefangenenchors" aus Verdis „Nabucco". Die Landser lehnen auf ihren Sitzen, lauschen dem Text und der Melodie und manch einer schielt verstohlen zum Nebenmann, ob der auch ja nicht die Tränen gesehen hat, die er sich gerade verschämt aus dem Augenwinkel gewischt hat.

Und dann kommt die Stelle, wo in den Opernhäusern der Welt auch notorische Opernschläfer wach werden und der Macht einer ungeheuren Melodik erliegen: „Teure Heimat ...". Die Kameraden singen mit. Die Stelle kennen sie alle, und wer den Text nicht kennt, erinnert sich an die Melodie und summt sie laut vor sich hin. Erst sind es fünf oder acht, dann plötzlich das ganze Camp. Die zweite Strophe braucht der Baß-Bariton nicht mehr alleine zu singen. Tausende stimmen mit ein, überall im Lager, in allen Camps. Und als es dann wieder kommt „Teure Heimat", da singen ... zigtausende deutsche Kriegsgefangene, wiederholen immer und immer wieder, den Schrei nach der Heimat und das Bekenntnis zur Heimat.

Und auch das könnte aus einem Kitschroman stammen, wenn es nicht so rührend menschlich wäre, daß es Kitschroman-Schreibern wahrscheinlich gar nicht einfallen würde: Mitten im Lager, auf einem Stückchen freien Feldes, hat eine Lerche ihr Nest gebaut. Vielleicht ist das hier ihr Stammplatz, den sie schon belegte, als statt der Hütten und Zelte hier noch Getreide stand und Kartoffeläcker waren. So hat sie jetzt inmitten von über 100 000 Männern ein kleines Nest auf dem Boden gebaut, so klein und unscheinbar, daß ein unachtsamer Soldatenstiefel es gar zu leicht hätte zerdrücken können.

Aber kaum ist das Nest fertig, da zäunen die Soldaten es mit Kistenbrettern und irgendwo aufgetriebenen Drahtstückchen ein — noch ehe das Lerchenpaar mit dem Brutgeschäft beginnt. Niemand wagt fortan, zu nahe an dieses Heiligtum heranzutreten, um die Vögel ja nicht zu stören. Aber manchmal stehen die Landser zu Dutzenden in respektvoller Entfernung rund um das Nest auf dem Boden mit seinem fast komisch anzuschauenden Zaun ringsum und warten auf den Augenblick, da die Lerche pfeilschnell ins Blaue schießt und aus heiterem Himmel heraus tiriliert und jubiliert, daß die Männerherzen vor Freude einen Takt schneller schlagen.

*

Aber der Umschwung von den Schrecken der ersten Wochen zu den einigermaßen geordneten und erträglichen Verhältnissen wäre gar zu groß und abrupt, wenn nicht doch hier und dort immer wieder Dinge passierten, die die deutschen Kriegsgefangenen die ganze Bitterkeit ihres Schicksals besonders deutlich spüren lassen.

Es sind jetzt neununddreißig Jahre her, und doch wird die im Dorf Bretzenheim wohnende Frau Käthe Schwindt (der Name wurde geändert!) auch heute noch durch die unmittelbare Nähe des damaligen Lager-Areals an jenes grausame und unbegreifliche Schicksal erinnert, das ihr den Mann und Vater ihres Kindes nahm — praktisch wenige Meter vor der eigenen Haustür.

„Dein Mann ist im Lager! Versuch doch mal, ihn zu sehen!" Frau Schwindt will damals, im Jahre 1945, die Mitteilung der Nachbarin kaum glauben, daß sie nach Monaten der Ungewißheit und des Zweifels jetzt endlich ihren Mann wiedersehen soll — eine knappe Viertelstunde von der Wohnung entfernt. Die Frau klammert sich an diese Hoffnung, auf ein Wiedersehen nach so langer Zeit der Trennung, wie an einen Strohhalm. Es fällt schwer — denn damals hungert auch die deutsche Zivilbevölkerung — aber Frau Schwindt treibt irgendwo ein ganzes, frisches, knuspriges Bauernbrot auf. Schnell dreht sie es in einen Bogen Papier und läuft so, wie sie ist, zum Lager.

Bis etwa fünfzig Meter darf die Frau an den Zaun heran, denn die Wachtposten achten streng darauf, daß kein Zivilist den Gefangenen zu nahe kommt. „Paul!" ruft die Frau, so laut sie nur kann, und wieder „Paul! Paul!" Doch im Lager sind über 100 000 deutsche Kriegsgefangene, und einige tausend von ihnen mögen Paul heißen. Als sich nichts rührt auf ihre Rufe und Schreie hin, ruft die Frau auch den Familiennamen ihres Mannes, schreit ihn mit aller Kraft hinaus. Die Kameraden innerhalb des Stacheldrahtzauns geben den Namen weiter. „Paul Sch. sofort an den Zaun. Deine Frau ist da!"

Es dauert eine ganze Weile, bis der richtige Paul die Botschaft hört. Und dann stehen sich Mann und Frau auf fünfzig Meter gegenüber. Erst an der Stimme erkennt Frau Schwindt ihren Mann, denn das Gesicht ist von Bartwuchs überwuchert, die Haare ungepflegt, die sonst so aufrechte Gestalt gebeugt. Sie sprechen miteinander, können es gar nicht fassen und wissen in der ungeheuren Wiedersehensfreude kaum, was sie eigentlich sagen sollen. Schritt für Schritt, Meter für Meter, ganz unbeabsichtigt, kommt Frau Schwindt dem Zaun näher. Sie sieht nicht die Wachtposten, hört nicht die Warnungen der Männer hinter und neben ihrem Mann. Sie will ihm doch nur das Brot geben, und über fünfzig Meter hinweg kann eine Frau, selbst mit größter Kraftanstrengung, einen Laib Brot nicht werfen.

Jetzt ist sie nah genug herangekommen. „Paß auf, Paul, das Brot!" Weit holt sie aus, nimmt ihre ganze Kraft zusammen — wenige Zentimeter hinter dem Zaun landet das Brot, genau vor den Füßen ihres Mannes. „Bring mir morgen noch eins mit, wenn's geht!" ... Dann geht die Frau langsam zurück ins Dorf. Kaum fünf Minuten später hat das frische Bauernbrot nicht nur Paul Sch., sondern auch viele seiner umstehenden Kameraden glücklich gemacht.

Am anderen Nachmittag geht Frau Schwindt wieder zum Lager. Diesmal nimmt sie ihren Buben mit, damit auch er einmal seinen Vater sehen kann — und ein frisches Bauernbrot. Wieder stehen sie auf Wurfweite gegenüber. Sie starren sich an und versuchen, ein krampfhaftes Lächeln auf ihre Gesichter zu zaubern, aber es gelingt ihnen kaum. Paul Schwindt nestelt in einer Tasche seiner zerfetzten Uniform. Er hat ein Stückchen Blockschokolade aufgespart, die er seinem Buben in die Hand drücken will. Der Posten in der Nähe jedoch verhindert es. Sprechen dürfen sie miteinander — mehr ist nicht erlaubt! Als Frau Schwindt auch das zweite Brot über den Zaun schleudert, schaut der Posten angelegentlich in eine andere Richtung.

Ein anderer Wachtposten hat die Szene beobachtet. Er ruft, kommt herangelaufen, fuchtelt mit seiner Maschinenpistole wild in der Luft umher. Frau Schwindt nimmt ihren Buben an die Hand, winkt ihrem Mann einen stummen Gruß hinüber und läuft davon, weit weg vom Lager. Da fallen Schüsse. Die Frau achtet nicht besonders darauf, denn Warnschüsse werden in diesen Tagen fast täglich und vor allem nachts, in den Himmel über Bretzenheim geschossen.

Wieder einen Tag später steht die Frau an der gleichen Stelle. Wieder ruft sie den Namen ihres Mannes. Sie ruft ihn fünf und zehn und fünfzehn Male. Aber es bleibt ruhig im Lager. Nichts rührt sich. Da treten fünf Gefangene an den Zaun. Sie sehen zu der Frau hinüber, starren sie an und sagen nichts. Einer von ihnen faßt in die Tasche und hebt das kleine Kreuz eines Rosenkranzes hoch. Der Frau erstirbt das Rufen auf den Lippen. Niemand sagt ihr etwas, aber jetzt weiß sie, daß man ihren Mann gestern erschossen hat, als die Schüsse fielen, diese Schüsse, die wie Warnung klangen und bitterer Ernst waren.

Langsam, wie gelähmt, geht die Frau nach Hause. Zwei Jahre lang hört sie nichts mehr von ihrem Paul. Dann kommt mit der Post das zerschlissene Portemonnaie ihres Mannes. Und wenig später die untere Hälfte der Erkennungsmarke. Da weiß Frau Schwindt endgültig, daß das kurze Wiedersehen am Zaun das letzte war ...

,,Fünfmal bin ich aus russischer Gefangenschaft ,,getürmt''. Fünfmal haben sie mich wieder geschnappt. Aber am 2. September 1945 kam ich doch als freier Mann in meinem Heimatort Bretzenheim an. Bereits in Bingen erzählte mir ein Bahnbeamter, unser Haus sei beschlagnahmt und liege jetzt mitten im Lager. Ich wollte es erst nicht glauben, doch dann sah ich es. ...'' Felix Bender (auch dieser Name mußte auf ausdrücklichen Wunsch des Interviewten, geändert werden!) erinnert sich an die damaligen Vorgänge noch genau so gut, als sei alles erst gestern geschehen.

,,Ich ging am Zaun entlang auf unser Haus zu. Vor der Toreinfahrt — dem damaligen Hauptlagertor — stand ein Posten. Ich zeigte ihm ein Foto unseres Anwesens und wollte weitergehen. Er versperrte mir den Weg. Ich fragte ihn, wo denn die Zivilisten seien. Aber er stand nur da und sagte nichts. Da ging ich zunächst ins Dorf und suchte meine Verwandten.''

Bender hatte als geflüchteter Gefangener keine Entlassungspapiere. ,,Du mußt dich im Lager melden, da kriegst du alle nötigen Unterlagen!'' Er geht ins Lager, wird jedoch abgewiesen. Erst nach mehrmaligen Vorstellungen behält man ihn da. Mit mehreren Lungenstecksplittern landet der Mann, nach einem Irrweg durch verschiedene Camps, endlich in der Sanitätsbaracke.

,,Da ich erst im September kam, habe ich die Schrecken der Anfangszeit im Lager nicht mehr miterlebt. Aber auch die Franzosen waren zunächst der hier nötigen straffen Organisation keineswegs gewachsen! Viele waren ohne Decken und richtige Verpflegung! Kalorienmäßig stand allerdings für jeden Soldaten genügend zur Verfügung. Wenn die letzten jedoch an der Reihe waren, mußten sie mit leeren Eßgeschirren wieder gehen, weil die ersten vielleicht ein paar Gramm zuviel abbekommen hatten oder — wie es häufig genug geschah — die ,,Küchenbullen'' einen Teil der Zuteilung für sich verbrauchten.

Es gab nicht genügend Holz zum Feuermachen, und damals war es manchmal nachts schon empfindlich kalt. Für einen Becher Wasser mußte man manchmal stundenlang anstehen. Ich habe Männer gesehen, die noch ganze 58 Pfund wogen! Ein Kumpel, der von Anfang an dabei war, bezifferte damals die Zahl der durch Seuchen, Hunger und Erschöpfung Umgekommenen auf etwa 11 000. Das scheint mir allerdings etwas zu hoch gegriffen! (Wie bereits an anderer Stelle dieses Berichts betont, läßt sich die genaue Zahl der Toten aus dem Lager Kreuznach-Galgenberg wie auch aus Bretzenheim nicht feststellen, da damals keine genauen Listen geführt wurden. Die Angaben ehemaliger Lager-Insassen schwanken wie im vorliegenden Falle zwischen 11 000 und 800. Da jedoch allein auf dem Ehrenfriedhof Lohrerwald über 1 000 im Lager verstorbene Soldaten ruhen und ein Großteil der Toten damals auch auf umliegenden Soldatenfriedhöfen — wie u. a. Stromberg — beerdingt wurden, dürfte die genannte Zahl von 3 000 bis 4 000 Toten der Wirklichkeit am nächsten kommen!)

Das, was viele der ehemaligen Gefangenen bei unseren Gesprächen immer wieder herausstrichen, bestätigt auch Felix Bender: ,,Die meisten der französischen Wachsoldaten hielten sich an ihre strengen Vorschriften, waren ansonsten jedoch sehr korrekt und höflich den deutschen Gefangenen gegenüber. Viel schlimmer als unsere ehemaligen Feinde waren dagegen die eigenen Leute. Die größten Schweinehunde gab es bei Amerikanern und Franzosen unter der deutschen Lagerpolizei und später

◀
»In die Hände gespuckt und angefaßt!« hieß das Motto vieler Soldaten, als endlich Werkzeug ins Lager kam und die Verpflegung besser wurde, so daß körperliche Arbeit geradezu zu einem Vergnügen wurde.

Große Bewunderung lösten neben vielen anderen Arbeiten in einer von den Gefangenen zusammengestellten Ausstellung auch diese vier Kunstgegenstände bei den Besuchern aus.
▼

'as ist das Portemonnaie on Paul Schwindt, das ine Frau über ein Jahr ach seinem gewaltsamen 'od zugeschickt bekam. Es nthielt mehrere Raucherarten. Das war alles, was 'rau Schwindt von ihrem n Zaun niedergeschossenen Iann jemals wiedersah.
▼

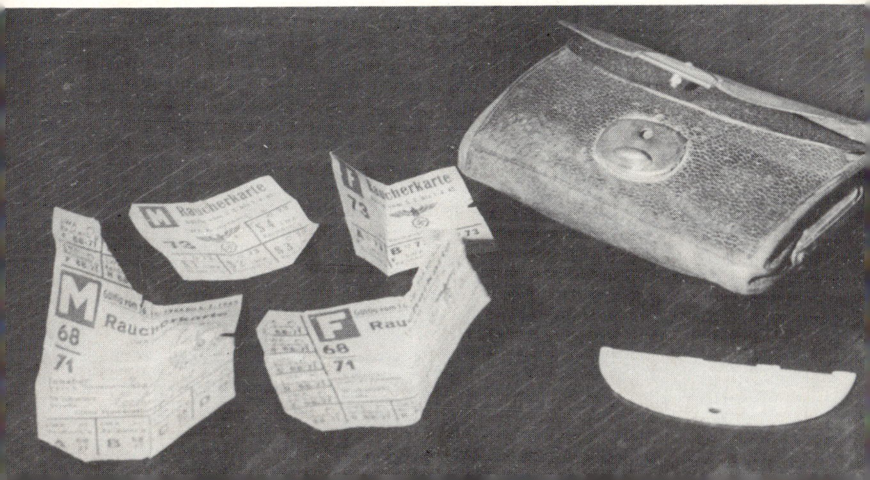

bei dem von den Franzosen exakt ausgeklügelten und teuflisch arbeitenden deutschen Lager-Spitzeldienst!

Wenn einer von uns ins ,,Aquarium'' kam (so nannten die Gefangenen damals den Strafvollzug im Gegensatz zum Camp 2, in dem fast ausschließlich SS-Angehörige und ,,Parteibonzen'' untergebracht waren), so hatte er das fast ausschließlich einem deutschen Lagerpolizisten oder einem der von den Franzosen bestochenen Spitzel zu verdanken, die oftmals für ein paar Zigaretten ihre Kameraden verpfiffen!''

Nach drei Tagen in der Sanitätsbaracke wird Felix Bender entlassen. Auf der Kommandantur muß er sich seine Papiere abholen. Diese Kommandantur ist eingerichtet in seinem eigenen Wohnhaus, das innerhalb des Lagers steht. ,,Wohnhaft, wo?'' fragt der französische Schreiber, der die Entlassungspapiere für Bender ausfertigt. ,,Hier in diesem Schlafzimmer!'' antwortet der schlagfertig.

Bender weiß zu berichten, daß einer der damaligen deutschen Campchefs (die wiederum dem französischen Lager-Kommandanten unterstellt waren) bei den deutschen Gefangenen besonders ,,beliebt'' war. Dieser Campchef hatte nämlich die schöne Angewohnheit, Strafen oder Belobigungen für deutsche Gefangene auf stumme, höchst satanische Art festzusetzen. War einer der Landser der Lagerpolizei unangenehm aufgefallen, so mußte er beim deutschen Campchef ,,antanzen''. Der hörte sich den Bericht seiner ,,Polizisten'' meist erst gar nicht an, sondern sprach sein Urteil wie weiland Nero durch eine Handbewegung.

Während es bei Kaiser Nero für den Gladiator den Tod bedeutete, wenn der mit dem Daumen nach unten zeigte, begnügte sich der Campchef damit, die Hand zum Gruß zu erheben. Das hieß für den Delinquenten in jedem Falle Prügel. Und meist hob der Campchef die Hand zum Gruß.

Nachdem Bender und seine Familienangehörigen ihr Haus, kurz nach Auflösung des Lagers, wieder beziehen konnten, fanden sie in einem der Räume eine makabre Rechnung: Dort nämlich waren auf die Wand gemalt die Nummern der einzelnen Camps — und darunter mit Strichen die Zahl der Toten. Heute, 39 Jahre danach, erinnert nur noch die verwitterte, aber immer noch lesbare Aufschrift „Für Zivilpersonen verboten" am Eingangspfosten des Benderschen Anwesens daran, daß hier drei Jahre lang die Kommandantur des Kriegsgefangenen-Lagers Bretzenheim untergebracht war.

Es gab nicht viele Flucht- und Ausbruchversuche aus dem Kriegsgefangenen-Lager Bretzenheim. Die hier Eingesperrten wußten viel zu gut, daß sie kaum eine Chance hatten. Sie hätten den inneren Stacheldrahtzaun durchschneiden, den breiten Todesstreifen überwinden und als letztes Hindernis den äußeren Zaun nehmen müssen. Und das alles bei regelmäßig über die gesamte Linie der Lagerumgrenzung verteilten Wachttürmen, nachts bei gleißendem Scheinwerferlicht über dem Todesstreifen und Posten, die bei der leisesten Bewegung scharf schossen.

Außerdem wußten sie alle, daß ein Mann ohne Papiere damals, bei den ständigen Kontrollen der Alliierten, spätestens nach wenigen Tagen aufgegriffen und zurück ins Lager gebracht würde. Mit dem Unterschied, daß geflüchtete und wiederaufgegriffene Gefangene, je nach Art ihres Ausbruchs, für kürzere oder längere Zeit ins gefürchtete „Aquarium", den Strafvollzug also, kamen.

Und doch gab es Männer, die das fast Unmögliche wagten, wenn auch die meisten von ihnen die Flucht mit langer Strafe oder gar dem Tod bezahlen mußten. Da waren beispielsweise die drei Soldaten, die im strömenden Regen alle drei Hindernisse glücklich überwanden und nun — immer in Blickweite des nächsten Wachpostens — auf eine günstige Gelegenheit für den letzten Schritt in die Freiheit warteten. Sie lagen, ihre Körper dicht an die Böschung zum Winzenheimer Weg gepreßt, und lauerten wie Luchse auf jenen Augenblick, da es gelingen mußte.

Plötzlich kommt ein Bauer mit seinem Fuhrwerk die Straße lang. Er sieht die drei Männer im Graben liegen und will auf sie zugehen. Das ist der entscheidende Augenblick. Wenn der Mann sein Vorhaben wahrmacht, muß der Posten aufmerksam werden. Deshalb ruft einer der bis hierher Geflüchteten dem Bauern lauter, als es die Nähe des Postens eigentlich erlaubt zu „Pst! Weitergehen!" Der Bauer „schaltet" sofort. Gott sei Dank, denn sonst wären alle Antrengungen und Strapazen des bis jetzt so gut verlaufenen Flucht-Unternehmens umsonst gewesen. Unauffällig und so, als sei nichts geschehen, setzte der Mann seinen Weg fort.

Der Wachtposten hat viel zu viel mit dem strömenden Regen und seinen Gedanken zu tun, um auf den Zaun und die Straße aufzupassen. Was soll jetzt schon passieren? Das nutzen die drei aus. Als der Wachsoldat sich wieder umdreht, um das genau abgezirkelte Stück am Zaun entlangzugehen, huschen sie wie Wiesel über die Straße und sind Sekunden später in den Weinbergen verschwunden. Dort trennen sie sich sofort, denn drei Männer in ihrem Aufzug würden auf Anhieb als geflüchtete Gefangene erkannt werden.

Zwei von ihnen können glücklich „untertauchen" und kehren wenig später ins normale Leben zurück. Der „dritte Mann" hat Pech. Bereits Stunden später wird er aufgegriffen und zurück ins Lager gebracht. Auch er landet im „Aquarium" — der vorläufigen Endstation all jener Männer, die mehr Mut als Glück hatten bei ihrer Flucht aus dem Stacheldraht.

Nicht fehlen aber darf in dieser immer noch höchst lückenhaften Chronik des Kriegsgefangenen-Lagers Bretzenheim die Schilderung jenes einzigen großangelegten, wochenlang vorbereiteten und bestens organisierten

Ausbruchsversuchs aus dem Camp 2. In diesem Camp findet sich Mitte 1946 eine Gruppe von Männern zusammen, die in lückenloser Generalstabsarbeit einen Fluchtplan ausheckt, der eigentlich gelingen müßte — wenn es nicht mit dem Teufel zugeht! Aber leider geht es im Lager öfter mit dem Teufel zu! Das müssen Wochen später auch diese Gefangenen spüren ...

Tage und Nächte diskutieren sie und reden sich die Köpfe heiß — immer mit größter Vorsicht und immer in der Angst, daß einer „umfallen" und ihre Pläne verraten könnte. Einziges Gesprächsthema: „Wie könnte eine größere Gruppe von Gefangenen ohne Aufsehen aus dem Lager geschleust werden?" Dutzende von Möglichkeiten werden erwogen und wieder verworfen. Was bleibt, ist eine Lösung, die in jedem Kriegsgefangenen-Lager der Welt irgendwann einmal versucht wurde: Ein unterirdischer Gang unter den Zäunen hindurch in die Freiheit!

Das Fluchtkomitee verbucht auf der „Habenseite" des gewagten Unternehmens drei Pluspunkte: Ihr Camp liegt in unmittelbarer Nähe der Todeszone beziehungsweise der beiden Stacheldrahtzäune, die Gruppe verfügt über mehrere Tiefbausachverständige und die Müllgrube des Camps liegt praktisch direkt am Zaun.

Auf diese Müllgrube konzentrieren sich alle Hoffnungen, alle Anstrengungen der in den Fluchtplan eingeweihten Männer. Die Grube ist mehrere Meter tief. Von ihrem Grund aus treiben die Männer einen Tunnel ins Erdreich — Richtung Zaun, Richtung Freiheit. Gearbeitet wird fast ausschließlich nachts. Es ist eine Sissiphus-Arbeit, aber als Lohn der Angst lockt schließlich etwas, wofür ein Gefangener schon einige Strapazen auf sich nimmt.

Mit bloßen Händen, mit irgendwo „organisierten" alten Wehrmachtsspaten, einer Spitzhacke und Blecheimern wühlen sich die Männer wie Maulwürfe immer tiefer hinein in den Schoß der Erde — zehn Meter unter der Oberfläche. Jeder Klumpen Lehm muß mühsam in einer Kiste mit einem Strick aus der Müllgrube nach oben befördert und dann unter den Baracken des Camps verteilt werden. Die Arbeiten machen gute Fortschritte. Der Tunnel ist bereits bis sieben Meter über den äußeren Zaun hinaus weitergetrieben. Noch einige Meter — dann soll er schräg nach oben führen, ans Tageslicht. Es kann sich nur noch um eine oder zwei Wochen handeln! Da wird der Fluchtplan im letzten Augenblick von einem ,,Kameraden'' verraten! Wochen- und monatelange Schinderei war umsonst. Das Camp wird umstellt, der Stollen zugeschüttet, die Hauptakteure werden schwer bestraft.

Ein Teil von ihnen landet statt in der erhofften Freiheit im Strafvollzug, die meisten Männer werden nach Frankreich verfrachtet, wo Schwerstarbeit auf sie wartet. Ironie des Schicksals: Wenig später kann einer von ihnen entweichen. Seine Flucht führt ihn quer durch Frankreich und Deutschland bis nach Berlin. Er ist der einzige des gesamten Tunnel-Unternehmens, der früher als die anderen die Heimat wiedersieht.

Wenn bisher immer vom Hunger der Gefangenen, von ihrer Hoffnungslosigkeit und der Ungewißheit über ihr weiteres Schicksal, kurzum von all jenen tausend Qualen die Rede war, denen die Männer wochen- und monatelang ausgesetzt waren, so soll jetzt von einem der wenigen erfreulichen Kapitel in der Geschichte des Lagers Bretzenheim gesprochen werden.

,,Wenn du meinst, es geht nicht mehr, kommt von irgendwo ein Lichtlein her, daß du es noch einmal wieder zwingst, und von Mut und Kraft und Glauben singst.'' Irgendeiner der Gefangenen hatte diesen alten Sinnspruch auf verknittertem, vergilbtem Büttenpapier in der Tasche. Er glaubte daran wie viele andere. Und dieser Glaube wurde immer wieder bestärkt durch immer neue Beweise einer gezielten Hilfe und Unterstützung, die die deutsche Zivilbevölkerung — hier vor allem die Bewohner Bretzenheims, die ja unmittelbare ,,Nachbarn'' des

Lagers waren — den Gefangenen zukommen ließen. Wo es nur irgendwie möglich war, Lebensmittel ins Lager zu schmuggeln, so taten es die Männer und Frauen, die selbst in Freiheit lebten und das Leid der Gefangenen tagtäglich mitansehen mußten.

Wenn es galt, irgendwelche Nachrichten — meist eine aus wenigen Worten bestehende, auf einem Fetzen Papier festgehaltene Mitteilung, um einen dicken Stein gewickelt und über den Zaun geworfen — an Verwandte und Bekannte des „Briefschreibers" zu übermitteln, so geschah es selbstlos und prompt. Die Zivilisten — leider gab es auch hier Ausnahmen — taten alles, was in ihren Kräften stand, um das Los der Gefangenen zu erleichtern! Daß dabei keine gezielte Hilfe möglich war, daß das hin und wieder ins Lager geschmuggelte Brot oder der Sack Kartoffeln nur ein Tropfen auf den heißen Stein darstellte, lag nicht am guten Willen der Spender, sondern ganz einfach daran, daß damals schließlich über 100 000 Gefangene in einer Umgebung leben mußten, in der Hunger und Hoffnungslosigkeit nach dem verlorenen Krieg selbst an der Tagesordnung waren.

Wie sehr jedoch die Gefangenen die materielle und vielleicht mehr noch die ideelle Unterstützung der Zivilbevölkerung zu schätzen wußten, mag jenes Dankschreiben unterstreichen, das zahlreiche Entlassene, zusammen mit einer Federzeichnung „Bretzenheim — vom Kriegsgefangenenlager aus gesehen", nach ihrer Entlassung an die Gemeindeverwaltung schickten.

Mit fortschreitender Normalisierung des Lebens in den einzelnen Besatzungszonen Deutschlands wird auch für die Männer im Kriegsgefangenen-Lager Bretzenheim das Leben wieder lebenswert. Es ist fast eine Stadt für sich, die hier zwischen Bad Kreuznach, Winzenheim und Bretzenheim auf dem einstmals kahlen Feld entstanden ist. Wären nicht der Stacheldraht und die Wachttürme, stünden nicht die Posten nach wie vor und wehte nicht die

Trikolore vor der Kommandantur, so hätte man annehmen können, an einem der damals so zahlreichen Flüchtlings-Lager vorüberzukommen.

Von den Männern, die die Schrecken des Lagers Galgenberg und später die Qualen der ,,Pionierzeit'' im Lager Bretzenheim miterlebten, sind die meisten inzwischen entlassen worden. Die Männer, die jetzt das Lagertor passieren, bleiben meist nur wenige Tage, werden registriert, bekommen einen Entlassungsschein in die Hand gedrückt und verlassen den Haupteingang als freie Männer. Aus dem Schreckenslager Bretzenheim ist jetzt das Hauptdurchgangslager Bretzenheim geworden — ein gewaltiger Unterschied, der sich in wenigen Monaten vollzogen hat.

Jetzt gibt es eine vollausgebaute Lagerstraße mitten durch das Camp und befestigte Wege zwischen den einzelnen Baracken. Die Gefangenen haben sich eine kleine Lagerkirche gebaut und ein Schwimmbad. Aus den Latrinen der Anfangszeit sind richtige Toiletten geworden — und es gibt sogar Dusch- und nette Aufenthaltsräume. Die Männer im Lager bekommen gute und ausreichende Verpflegung. Sie haben einen Teil des ehemaligen fruchtbaren Ackerbodens wieder seiner ursprünglichen Verwendung zugeführt und bauen Kartoffeln und Gemüse und Tabak an. Es gibt keine epidemieartigen Krankheiten mehr, keine Lastwagen voller Toten und keine überfüllten Lazarettzelte mehr. Aber es gibt so etwas wie Glück und Geborgenheit — soweit ein der Freiheit beraubter Mensch eben glücklich und geborgen sein kann.

Unter der Überschrift ,,Kriegsgefangene stellen aus — Zu Gast im Entlassungs-Lager Bretzenheim bei Bad Kreuznach'' schreibt eine große Frankfurter Zeitung im November 1946: ,,Wären nicht die hohen Wachttürme, auf denen die Soldaten sich an die Rückwand pressend vor der kalten Ostluft zu schützen suchen, wäre nicht der Stacheldraht, so hätte man gemeint, irgendein sauberes

Barackendorf zu besuchen. Kieswege führen hindurch und Blumenbeete machen es im Sommer und Herbst gefällig. Man hat auch gewußt, das Angenehme mit dem Nützlichen zu verbinden, und ein Ausstellungsstand mit leuchtenden Früchten wie Kürbisse und Tomaten sowie mit prächtigem Gemüse zeugt von Zutaten der Lagerverpflegung.

Anschauliche Modelle berichten von Lage und Einteilung der verschiedenen Kriegsgefangenen-Lager in der französischen Zone (Tuttlingen in Württemberg, Rum in Tirol, Malschbach bei Baden-Baden und Bretzenheim). In diesem Lager bei Bad Kreuznach bilden die Baracken des Entlassungslagers und des Arbeitskommandos je eine Gruppe für sich.

Kriegsgefangene erläutern die Ausstellungsstücke. Was soll man nennen?

Den hübschen eingelegten Schachtisch mit fellbezogenen Sitzen und Rückenlehnen der Stühle dazu? Fünf Tornister wurden je Stuhl benötigt. Oder den Schreibtisch-Sessel mit grüner Zeltstoffbespannung, durch Schuhnägel gleichzeitig befestigt und geschmückt? Die Briefmappe aus Zeltbahn und weichen Kartonhüllen, die Schuhe aus Meldetaschen, das schöne Spielzeug, einen Radioschrank, Leuchter, graphische Arbeiten, Litographien von Kaiser, die Bilder Vockes aus dem Tuttlinger Lager?

Jedes kleinste Werk ist eine Aussage, wie der Einzelne sich freimacht von der Schwere der letzten Kriegserlebnisse und von der Enge des Raumes in der Gefangenschaft. Welch tiefsinniger Widerspruch, daß den Schöpferischen frei macht, was den Aufnehmenden gefangennimmt! Das hat man auch oft genug beim Spiel der Theatergruppe in der Stadt erlebt, deren Bühnenbaracke mitten im Lager steht. Wir kommen gerade dazu, wie einer von ihnen, Fritz Schuler, Hans Moser und Theo Lingen beschwört. Natürlich als Lager-Insassen. Moser beklagt sich nuschelnd, es sei so langweilig. Kollege Lingen schlägt ihm eine Denkaufgabe vor: Was ist der Unterschied zwischen dem Donner, dem Blitz und der Entlassung aus dem Lager? Der nervöse Moser kriegt es nicht heraus. Lingen muß es ihm sagen: „Den Donner hört, aber sieht man nicht, den Blitz sieht, aber hört man nicht, und von der Entlassung hört und sieht man nichts ...“

Weiter heißt es in dem Bericht der Frankfurter Zeitung, der nach dem Besuch einer umfangreichen Ausstellung im Lager geschrieben wurde: „Wunderschön und heimatlich ist die Lagerkirche. Um hier zu meditieren oder einem Gottesdienst beizuwohnen, würde wohl mancher Zivilist gern eine Stunde gegen die Nordostluft wandern. Der Prediger deutet die Atmosphäre dieses Raums: Ein gütiges Auge scheint durch die gemalten Fensterscheiben (Medikamentfarben auf Pergament) zu blicken, ein feines Ohr die Nöte und Ängste anzuhören, aus dem sanften Lichte, vom geschnitzten Altar, von den bemalten Wänden und einer Dürerschen nachgebildeten Madonna des Bretzenheimer Lagers mit zweitürmiger Dorfkirche und Stacheldraht scheint eine milde Stimme zu dringen: „Fürchtet euch nicht!“

Der junge Feldgeistliche öffnet nach dem Gottesdienst die kleine Sakristei, in der freundnachbarlich die Gewänder und Geräte für den Gottesdienst der beiden Konfessionen aufbewahrt sind. Ein Gelaß links vom Altar birgt einen Beichtstuhl. Man spürt es: An dieser schlichtderben Lagerkirche sind die Menschen, die sie aufbauten und ausschmückten, wieder Kinder geworden, Kinder, die wir vor Gott alle sein sollten, und Liebende ...“

Nachdem Hunderttausende von deutschen Kriegsgefangenen das Lagertor in Bretzenheim in beiden Richtungen passiert haben, nachdem die Bundesrepublik Deutschland entstanden ist und Mitte 1948 auch die Währungsreform einen Strich unter die Vergangenheit macht, nähert sich das Ende des Kriegsgefangenen-Lagers Bretzenheim. Erst sind es nur Gerüchte, dann werden in der Presse die ersten Einzelheiten bekannt: Gegen Ende des Jahres 1948 soll eines der größten Gefangenenlager auf deutschem Boden endgültig aufgelöst werden.

Es beginnt eine Zeit heftiger Spekulationen und — wie immer bei solchen Anlässen — wilder Gerüchtemacherei. Jeder will besser wissen, was geschieht, wann es geschieht und warum es so ist. Lassen wir daher für diese letzten Monate hektischen Geschehens die recht nüchternen Zeilen verschiedener Presse-Veröffentlichungen sprechen, die wir nach 36 Jahren sanften und staubbedeckten Archivschlummers unseren Lesern noch einmal servieren wollen.

So schreibt die ,,Allgemeine Zeitung'' im März 1948 über das Lager Bretzenheim unter anderem: ,,Nach unverbindlicher Mitteilung der Kommandantur des Kriegsgefangenen-Lagers Bretzenheim ist es möglich, daß dieses Lager gegen Ende Oktober 1948 freigegeben wird. Sollte das der Fall sein, so wird die deutsche Behörde das Gelände sofort zum Wohnsiedlungsgelände erklären. Auf dem Gelände befinden sich eine Kapelle, ein Versammlungs- und Theaterraum, ein Sportplatz und ein Schwimmbecken. Es ist vorgesehen, eine geräumige Baracke in eine Turnhalle und andere Bauten zu Wohn-Behelfsbaracken umzubauen. Mit Wasserleitung und Kanalisation ist das künftige Siedlungsgelände versehen. Auch Lichtleitungen sind vorhanden, und den Kleingärtnern steht in ausreichendem Maße ergiebiges Gartenland zur Verfügung.

Nach Angaben des Lager-Architekten lassen sich aus den vorhandenen Baracken etwa 200 Kleinwohnungen errichten. Die Eigentumsfrage wird nach der Verordnung vom 15. Januar 1919 über das Erbbaurecht geregelt. Die restlichen Fragen sind durch notarielle Verträge zwischen den Grundstücks-Eigentümern und den Ansiedlern zu lösen.

Angesichts der Wichtigkeit dieses Projektes und den zu erwartenden Schwierigkeiten steht der Amtsbürgermeister auf dem Standpunkt, daß schon jetzt die notwendigen Schritte eingeleitet und die Genehmigung der übergeordneten Behörden zur Verwendung des fraglichen Geländes als Wohnsiedlungsgebiet eingeholt werden sollen. Der Landrat hat seine volle Unterstützung zugesagt....

Kaum sind dieser und andere Artikel über die Planungen zur weiteren Verwendung des Lagers als Siedlungsgelände erschienen, geht ein regelrechter Entrüstungssturm durch Bretzenheim. Bauern und Winzer, die auf dem Lagergelände vor der Beschlagnahme durch die Alliierten jahrhundertelang Gemüse und Getreide angebaut oder Wein gezogen haben, fürchten um einen endgültigen Verlust ihres Grund und Bodens. Es hagelt geharnischte Proteste von allen Seiten. Das reicht von mündlichen und schriftlichen Beschwerden einzelner Landwirte bei der Gemeindevertretung über lange Briefe an die Amts- und Kreisverwaltung bis zu Protesten bei der Landesregierung.

„Was wird aus dem Lager Bretzenheim? Die Bretzenheimer wollen auf dem Gelände wieder pflügen!" heißt die Überschrift eines anderen Zeitungs-Artikels aus jener Zeit, aus dem wir zitieren: „Eine durch die Kriegs-Ereignisse am meisten geschädigte Gemeinde im Kreis Kreuznach ist Bretzenheim. Im Jahre 1939 wurde in der dortigen Gemarkung ein Flugplatz angelegt. Die Landwirte des Dorfes büßten damals eine große Fläche fruchtbaren Ackerlandes ein. Das Lager für Kriegsgefangene wurde im Frühjahr 1945 eingerichtet, später räumlich stark verkleinert und zu einem Entlassungslager ausgebaut. Es dehnt sich heute auf einer Fläche von 43 ha aus.

Eine große Anzahl von Landwirten wurde durch den Verlust dieses Geländes schwer geschädigt. Die Qualität der dortigen Felder und ihre günstige Lage zeichnen sie als den besten Gemarkungsteil Bretzenheims aus. ... Die Bretzenheimer Landwirte haben natürlich an der Rückerstattung ihres Grundbesitzes großes und berechtigtes Interesse. Die Baracken, für die es genügend Interessenten gibt, könnten an anderen Plätzen, die für landwirtschaftliche Nutzung weniger wertvoll sind, wieder errichtet werden. Bei der angespannten Wohnungslage könnten sie noch manchem Bedürftigen ein Obdach sein.

Das vorbildlich angelegte Schwimmbad könnte seiner Bestimmung weiter dienen und erhalten bleiben. Die vorhandenen Straßen und Wege ließen sich zum größten Teil in das Wegenetz der Bretzenheimer Gemarkung einbeziehen, die zur Zeit umgelegt wird. ..."

Einen größeren und sehr interessanten Artikel widmet die „Allgemeine Zeitung" dann in ihrer Silvester-Ausgabe 1948 dem Lager. Sie schreibt unter anderem: „Auf der Hochebene vor den Toren Bad Kreuznachs, die sacht zum Rhein abfällt, erstreckt sich das große, einmal drei Kilometer lang gewesene Kriegsgefangenen-Lager, das bis dicht an die Dörfer Bretzenheim und Winzenheim heranreicht. Am 1. Januar schließt es seine Pforten und geht durch Kauf in den Besitz der IFO (Internationale Flüchtlings-Organisation) über, die dort ausländischen Emigranten, die aus irgend einem Grunde nicht in ihre Heimat zurückkönnen, Unterkunft gewährt. So siedeln die Insassen des Ukrainer-Lagers auf dem Kuhberg nach Bretzenheim über.

Das Lager Bretzenheim entstand gleich nach dem Einzug der Amerikaner im März 1945. Zunächst war es Freilichtlager für die Kriegsgefangenen. Tag für Tag rollten ununterbrochen Lastautos mit gefangenen deutschen Soldaten heran. Riesige Kolonnen marschierten vom Bahnhof Bad Kreuznach über die Landstraße zum Lager. Erst nach einigen Wochen trafen Zelte ein. Nun wuchs eine riesige Zeltstadt heran, die 50 000 und mehr Gefangene beherbergte. Später übernahmen die französischen Besatzungstruppen das Lager und die Zelte wurden im Laufe der Zeit durch Baracken ersetzt. Hunderttausende deutscher Gefangener sind durch dieses Lager gegangen und von hier aus in ihre Heimat entlassen worden. In den ersten Jahren fuhren Tausende von Angehörigen nach Bretzenheim in der Hoffnung, die Soldaten zu sehen und zu sprechen.

In den letzten Monaten war Bretzenheim nur noch ein Durchgangs-Lager, das jeweils 300 bis 1 000 Gefangene wenige Tage oder gar nur Stunden bis zur Ausstellung ihrer Entlassungs-Papiere aufnahm. Dann zogen die Freigelassenen zur Versorgungsstelle Bad Kreuznach. Hier wurde ihnen jede notwendige Hilfe und Stärkung zuteil. Dorfbewohner Bretzenheims stellten sich mit ihren Handwagen täglich vor dem Lager auf, um den Gefangenen das Gepäck nach Kreuznach zu fahren. Leider wurden die Gefangenen dabei oftmals in unerhörter Weise geschröpft. Manche Leiterwagen-,,Unternehmer'' forderten für ihre Dienste unverschämte Preise.

Aber die Gefangenen erfuhren auch noch 300 bis 400 ehemalige Gefangene als freie Arbeiter im Lager. Außerdem etwa 100 Strafgefangene, die von einer Emigranten-Kompanie bewacht wurden. Das Flüchtlingslager, das jetzt in Bretzenheim eingerichtet werden soll, erhält eine kleine Polizeitruppe zur Aufrechterhaltung der Ordnung ...''

Die Pläne zur Einrichtung eines Deportierten-Lagers bei Bretzenheim schienen in diesen ersten Tagen des Jahres 1949 nach der endgültigen Auflösung des Gefangenen-Lagers nicht mehr durchkreuzt werden zu können. Inzwischen häufen sich jedoch die Proteste der unmittelbar betroffenen Landwirte und der Winzer bei hohen und höchsten Regierungsstellen, auch die Gemeindeverwaltung und die politischen Parteien erheben ihre warnenden Stimmen und schalten sich aktiv in den Kampf gegen ein Ausländer-Lager ein.

Erst Ende Januar scheint dieser Kampf gewonnen zu sein. In einer überörtlichen Zeitung — denn die Presse in ganz Rheinland-Pfalz beschäftigte sich inzwischen mehr oder weniger mit diesem Problem — erscheint folgende Notiz: ,,Lagerbauten für DPs — aber nicht in Bretzenheim! Auf ein Protestschreiben der Demokratischen Partei antwortete Ministerpräsident Dr. Altmeier: ,Dem Herrn Gouverneur des Landes Rheinland-Pfalz habe ich die nötigen Unterlagen übermittelt mit dem Ersuchen der Landesregierung, das Lager Bretzenheim völlig aufzuheben, wodurch die beanspruchten Ländereien den Eigentümern wieder zugeteilt werden könnten. Da andererseits das Verschleppten-Problem im Hinblick auf die ungeheuren Kosten, die der Landesregierung erwachsen, angepackt werden muß, habe ich vorgeschlagen, die Lageraufbauten von Bretzenheim für die Unterbringung von Verschleppten zu benutzen und zwar an denjenigen Orten, wo die arbeitsfähigen Verschleppten in Arbeit und Brot gebracht werden können. ...''

Im März 1949 jedoch hat die letzte Stunde des fast auf den Tag vierjährigen Lagers endgültig geschlagen. In der Ausgabe vom 18. März 1949 heißt es in der ,,Allgemeinen Zeitung'' in einem Bericht aus Bretzenheim: ,,Der 16. März 1949 wird für die Gemeinde Bretzenheim fortan die Bedeutung eines denkwürdigen Ereignisses haben, denn am Abend dieses Tages nahm die Bürgerversammlung im ,Grünen Baum' aus dem Munde des Landrats die frohe Nachricht entgegen, daß die französische Militär-Regierung das ab 1. Januar aufgelöste Kriegsgefangenen-Lager in die Hände der Landesregierung zurückgegeben habe. Es könne nicht mehr lange dauern, betonte der Landrat, bis die 86 Eigner am Grund und Boden des Lagers wieder in den Besitz ihres Landes gekommen seien.

Der Werdegang dieser ersten und wichtigsten Etappe auf dem Wege zur Wiederherstellung eines gemeindlichen

Rechts war lang und leidensvoll. Das Memorandum des Pfarrers Dellmann, erstmalig in der Bürgerversammlung verlesen, gibt dazu einen genauen Bericht. Daß das Kriegsgefangenen-Lager mit Ende des Jahres 1948 seiner Bestimmung enthoben werden würde, war vorauszusehen gewesen, und schon hatten sich im engeren Heimatkreis erregte Debatten um seine Verwendung als mögliches Neubauland erhoben, als die Gemeinde von der Nachricht betroffen wurde, daß die Militärregierung die 135 Morgen bedeckende Barackenstadt der Internationalen Flüchtlings-Organisation zur Unterbringung ehemaliger Zwangsdeportierter auf zehn Jahre abgegeben habe.

Damals begann die kleine Gemeinde Bretzenheim aus eigener Kraft und in eigener Sache um ihr hinfällig gewordenes Recht zu kämpfen. Ihr Sprecher wurde der Lagerausschuß mit Pfarrer Dellmann an der Spitze. Bürgermeister Hermes deckte ihm mit gelassener Bauernbeharrlichkeit den Rücken. Viele Persönlichkeiten unter Leitung von Pfarrer Dellmann machten aus der Bretzenheimer Affäre das, was sie im Grunde ist: Eine Entscheidung von westeuropäischer Tragweite. Keine Kasernen für DPs, so hieß die Losung dieses heftigen Kampfes.

... Freilich geschah dies, wie Landrat Gräf in seiner Ansprache betonte, nicht ohne dramatische Höhepunkte, wenn alles verloren schien. Es ist aller Ehre wert, zu vernehmen, daß in diesen kritischen Augenblicken alle Parteien, alle kirchlichen und berufsständischen Organisationen ohne Rücksicht auf innere Differenzen zur Sache der Heimat gestanden haben. ..."

*

März 1949. Fast auf den Tag genau sind es jetzt vier Jahre her, seit die deutschen Kriegsgefangenen Kreuznacher Boden betraten, fast auf den Tag vier Jahre, daß für Tausende von ihnen sowohl im Lager Galgenberg wie auch später im Lager Bretzenheim eine unvorstellbare Leidenszeit begann.

„ ... Und neues Leben blüht aus den Ruinen ..." Seiler und Stallmann und Fips Schuler und — bis auf wenige Ausnahmen — all die anderen sind heimgekehrt zu Frau und Kindern, zu Eltern und Bräuten. Für sie alle beginnt ein neues, besseres Leben — ohne Stacheldraht und Angst, ohne Hunger und Hoffnungslosigkeit — aber mit dem Willen, mit festen Schritten in die Zukunft zu gehen und das zu vergessen, was hinter ihnen liegt.

Ganz vergessen können sie es nie — auch heute noch nicht. Manch einer von ihnen kehrt in den ersten Jahren nach Auflösung des Lagers zurück an die Stätte seiner Leiden. Aber dort, wo einstmals in flachen Erdmulden deutsche Kriegsgefangene verhungerten oder ertranken oder vor Erschöpfung starben, da trägt der fruchtbare Ackerboden längst wieder reiche Frucht. Nichts, gar nichts mehr erinnert daran, daß auf diesem Fleckchen Erde eines der bittersten und düstersten Kapitel deutscher Kriegsgefangenengeschichte geschrieben wurde. Nur das verfallene und unkrautüberwucherte ehemalige Schwimmbad der Gefangenen liegt auch heute noch mitten in den seit 36 Jahren wieder bestellten Feldern und Äckern — wie ein Dorn im Fleisch, wie ein unbequemes Mahnmal.

Von der Höhe des Galgenbergs herab, von dort, wo vor vierzig Jahren die Gefangenen mit brennenden Augen auf die zerschlagene und geschundene Stadt Kreuznach hinunterblickten, breitet heute ein großes, schlichtes Kreuz seine steinernen Arme aus. Auch dieses Kreuz sollte Mahnung sein und Erinnerung — aber nicht Anklage und Verbitterung! Genauso, wie die Steinkreuze auf dem Ehrenfriedhof Lohrerwald Mahnung sein sollen an die Lebenden und nicht Zeugen einer Schuld, die längst tausendfach gesühnt ist.

Schuld? Was ist das überhaupt? Ist es nicht besser, statt auf die Suche nach Schuldigen zu gehen, den Sinn dieses Sterbens zu suchen, sofern grundloses Sterben überhaupt einen Sinn haben kann? Die Männer, die hier auf dem Lohrerwald und auf den anderen Ehrenfriedhöfen rund um Bad Kreuznach ihre letzte Heimat fanden, starben nicht „für Führer, Volk und Vaterland". Aber wenn seit 36 Jahren auf ihren Gräbern immer wieder am Volkstrauertag das feierliche Gelübde „Nie wieder!" abgelegt wird, dann hat ihr Sterben vielleicht doch einen Sinn gehabt, dann war ihr Kreuzweg in den Lagern Galgenberg und Bretzenheim für uns das Tor am Anfang eines langen Weges, von dem abzuweichen der Tod von Bretzenheim kein Verständnis hätte ...